A Mulher Emergente

A Mulher Emergente

Como despertar o poder ilimitado da natureza feminina

Mary Elizabeth Marlow

Tradução de
Rosiléa Pizarro Carnelós

EDITORA CULTRIX
São Paulo

Título do original:
Emerging Woman

Copyright © 1996 Mary Elizabeth Marlow.

Publicado originalmente na Grã-Bretanha em 1996 por Element Books Ltd, Shaftesbury, Dorset.

Todos os direitos reservados. Nenhuma parte deste livro pode ser reproduzida ou usada de qualquer forma ou por qualquer meio, eletrônico ou mecânico, inclusive fotocópias, gravações ou sistema de armazenamento em banco de dados, sem permissão por escrito, exceto nos casos de trechos curtos citados em resenhas críticas ou artigos de revistas.

Edição	O primeiro número à esquerda indica a edição, ou reedição, desta obra. A primeira dezena à direita indica o ano em que esta edição, ou reedição, foi publicada.	Ano
2-3-4-5-6-7-8-9-10-11-12		01-02-03-04-05-06-07-08

Direitos de tradução para a língua portuguesa
adquiridos com exclusividade pela
EDITORA PENSAMENTO-CULTRIX LTDA.
Rua Dr. Mário Vicente, 368 – 04270-000 – São Paulo, SP
Fone: 272-1399 – Fax: 272-4770
E-mail: pensamento@cultrix.com.br
http://www.pensamento-cultrix.com.br
que se reserva a propriedade literária desta tradução.

Impresso em nossas oficinas gráficas.

Para as mulheres que abriram o coração e partilharam profundamente suas dores e mágoas, alegrias e triunfos.

Todas me ensinaram muito sobre o profundo e ilimitado poder de transformação das mulheres.

Sumário

Prefácio	9
Agradecimentos	11

1. A POSSE DA BRUXA   15

A Bruxa é aquela parte de nós ligada à sensação de impotência. Ralhamos, nos queixamos, nos lamuriamos, nos retraímos, gritamos ou nos fechamos porque sentimos que não temos outra opção. Depois que aprendemos a identificar claramente e a dar-lhe um nome, somos capazes de caminhar decididamente em direção ao nosso poder real e identidade verdadeira.

2. O FIM DA LUTA COM O DRAGÃO   37

A luta com o dragão é a batalha que travamos com nós mesmas quando rejeitamos nossos pais e nos rebelamos contra eles, ou quando nos esforçamos para nos igualar a eles. Aprender a identificar os dois "dragões", o óbvio e o oculto, permite-nos entender nossa polaridade feminina-masculina e nossos padrões de relacionamento.

3. COMO SUPERAR A TRAIÇÃO   65

A traição é a morte da confiança. É importante saber como nos colocamos diante de experiências de traição, o que podemos aprender com elas (não desperdice uma boa traição!) e como as podemos superar.

4. PRATICANDO A MAGIA   85

A capacidade de transformar as experiências da vida não é nova. Faz parte de muitas culturas antigas, incluindo a do índio americano. Essas culturas respeitam o poder feminino da natureza e compreendem esse poder. Como mulheres, nós também podemos aprender a extrair o poder de transformação dos quatro elementos (fogo, terra, ar e água).

5. DESPERTANDO A DEUSA   111

O panteão das deusas gregas reflete a diversidade e a complexidade das mulheres, e nos fornece uma nova maneira de olhar para nós mesmas, a partir de uma perspectiva totalmente feminina. À medida que despertamos e buscamos a totalidade, as deusas voltam para nos ajudar na nossa trajetória.

6. O AMOR-PRÓPRIO VEM EM PRIMEIRO LUGAR   129
Talvez o conceito mais errado que temos sobre o amor é o de que devemos recebê-lo de alguém ou de outra coisa. A única maneira de conseguir todo o amor de que necessitamos é encontrá-lo em nós mesmas.

7. TRÊS TIPOS DE AMOR   141
Entre os gregos antigos, havia três nomes para o amor: Eros, Filos e Ágape. Eros é o amor baseado na necessidade; Filos é o amor baseado na segurança e Ágape é o amor incondicional — a mais importante forma de expressão. Entendendo esses três tipos de amor, você pode avaliar com mais precisão os seus relacionamentos amorosos.

8. CO-DEPENDÊNCIA E OUTRAS FORMAS DE ORIENTAÇÃO NÃO-EXPLÍCITAS   155
A maioria de nós está convencida de que queremos amor e casamento, relacionamentos seguros e duradouros, gentileza, apoio, empatia e compreensão. Atraímos parceiros e relacionamentos que nos dão menos — até mesmo o oposto — do que procuramos. Enquanto essas formas de orientação não-explícitas não forem reconhecidas e postas de lado, ficaremos presas a um ou mais dos quatro tipos de padrões de relacionamento co-dependente.

9. OS PARCEIROS QUE ATRAÍMOS E POR QUÊ   169
O objetivo de todos os relacionamentos é tornar-se consciente e despertar o amor. Ser consciente significa ter responsabilidade pelo que estamos criando. Este capítulo dá exemplos práticos, da vida real, para ajudar a avaliar as parcerias mais importantes em nossa vida e a compreender nosso papel ao atraí-las.

10. A OITAVA MAIS ALTA DO FEMININO   195
Quando a mulher reivindica a posse de sua autoridade interior, ela dá um salto quântico para a graça, a oitava mais alta do feminino. Seus sentidos mais sutis são despertados: intuição, introvisão e sensibilidade para o seu próprio ritmo.

Prefácio

Emergir como mulher é como uma dança requintada. Nós nos alongamos, nos espichamos, nos expressamos, nos movimentamos, ora com coragem, ora timidamente, às vezes com graça, às vezes desajeitadamente. Damos um passo para a frente, um para trás. E assim, inseguras, uma vez mais ouvimos em silêncio o sentido de nosso ritmo para saber quando ou até mesmo se deveríamos dançar. Saltamos com alegria. Dobramo-nos com dor e ainda assim continuamos dançando. Com o tempo, abarcamos tudo isso e dançamos nisso tudo.

Este manual é a dança das mulheres que se abrem para a profundidade, a potência e o poder máximos de ser mulher. São mulheres que se movem com sua fraqueza, sua força, seus desafios, derrotas, vitórias e triunfos e através deles. Que conhecem e aceitam a si mesmas. São mulheres que descobrem a alegria de ser mulher.

São histórias de mulheres idosas, jovens, ricas, pobres, brancas, negras, cultas, incultas, doentes, saudáveis, americanas, européias. São histórias reais de mulheres reais. Cada capítulo está relacionado com um passo essencial, uma iniciação pela qual todas as mulheres se movem em seu processo de emergir. Esses passos são graduados e feitos com base nos anteriores. Cada capítulo apresenta pelo menos um ou mais processos de experiência para medir e tornar válido seu próprio progresso. Seu ritmo pode ser ligeiramente diferente daquele sugerido neste manual, mas sem dúvida você se identificará com os desafios inerentes às diferentes iniciações.

Sua viagem por este *Manual* pode ser uma experiência privada ou partilhada. O *Manual* é destinado a ser usado individualmente, com amigos íntimos ou num grupo de apoio.

É hora de reivindicarmos nosso espírito feminino e ousarmos deixá-lo dançar em nós.

Espero que você goste de sua trajetória como mulher. Espero que você dance enquanto percorre seu caminho.

Agradecimentos

Estava claro quase desde o início que, embora eu reclamasse a autoria deste livro, ele não era só meu. Um Poder Maior organizou graciosamente "coincidências significativas" durante todo o processo de elaboração dos manuscritos. As pessoas, as situações e os acontecimentos certos apareceriam nos momentos precisos em que eram necessários. Uma história se desdobraria com humor, às vezes, e outras, com emoção; cada uma passaria sua própria sabedoria. Um outro capítulo seria escrito. E assim continuava o processo, quase por todo o livro. Esse fantástico sincronismo só pode vir das mãos da Mãe Divina.

Quero agradecer particularmente a Karen Vermillion, uma artista talentosa de Houston que capta tão poeticamente a expressividade da dança requintada que é a trajetória da mulher. Ela retrata muito sensivelmente o movimento fluido da mulher emergente que se propõe dançar com tudo e através de tudo!

Da Europa, tive a bênção especial de Elinore Detiger, legitimamente conhecida como "Mãe Global" que, usando seu relógio cósmico inato, apareceria em forma de fada-madrinha no momento certo com a poção mágica certa. Na Holanda, foi Manec van der Lugt e a energia acolhedora das mulheres de Davidhuis que deram o apoio feminino tão necessário. Entre as belas paredes de meu lar holandês, longe de casa, fui carinhosamente encorajada e estimulada, e foi assim que se deu o processo do nascimento deste livro.

Dois homens merecem agradecimentos especiais por sua contribuição, símbolo da importância da polaridade masculina-feminina e prova de que os homens podem ser muito sensíveis às questões particulares das mulheres. Primeiro, um sincero agradecimento a Robert Krajenke, que suportou minhas mudanças imprevisíveis e ajudou a melhorar o manuscrito no que concerne à redação e revisão. Um agradecimento especial também a Bud Ramey que aprofundou meu conceito de amizade e sempre esteve pronto para me estimular com a idéia do livro. Sem sua força acolhedora, sem dúvida este livro ainda estaria por ser escrito.

Além disso, quero agradecer aos drs. Carl e Stephanie Simonton, que muito me ensinaram a respeito do processo de transformação possível dentro de cada um de nós. Um agradecimento especial para Carol Bush, co-criadora da versão original do Seminário sobre a Mulher Emergente. A Grace Davide, pelo trabalho cuidadoso de revisão, a Cheri Sommers, pelas horas incalculáveis de digitação e a Jean Reeder e Martha Hamilton, por serem conselheiras sensatas e confiáveis.

Acima de tudo, valorizo a minha família. Tive o privilégio de passar a infância ao pé das montanhas Blue Ridge, onde simplicidade é sinônimo de beleza. Meu pai, Guy Marlow, ensinou-me a encontrar o extraordinário no comum, e minha mãe, Esther Marlow, sempre soube que era uma alegria ser uma mulher e transmitiu essa sabedoria. A meus filhos, David e John, vocês são um tesouro; o amor e o estímulo vindos de vocês sempre me apóiam.

A Bruxa é o aspecto negativo do feminino. É o papel ao qual recorremos quando não sabemos mais o que fazer. Nós a usamos quando não sabemos como expressar o que estamos sentindo de uma forma confiante, completa.

A Bruxa é aquela parte de nós ligada à sensação de impotência. Ralhamos, nos queixamos, nos lamuriamos, nos retraímos, gritamos ou nos fechamos porque sentimos que não temos outra opção.

Usamos a Bruxa para manipular e manobrar — e ela geralmente tem êxito. Mas há formas melhores de se conseguir o amor e a atenção que merecemos.

Neste capítulo, você aprenderá, de forma clara, a identificar a Bruxa e a dar nome a ela. Isso vai capacitá-la, a partir daí, a caminhar decididamente em direção ao seu poder real, e à sua verdadeira identidade.

1

A Posse
da Bruxa

Todas as mulheres são magas. Nossa magia é a capacidade inata de criar e transformar nossas experiências de vida. Como mulheres, nossas únicas escolhas reais são se praticamos ou não nossa magia conscientemente, e o quanto dessa magia estamos dispostas a usar.

Foram necessários muitos anos para que eu entendesse essa magia — a de uma mulher que emerge da limitação no sentido da totalidade, usufruindo a liberdade inerente a esse processo. A inspiração vem de minha própria trajetória como mulher, bem como das experiências de muitas mulheres a quem ensinei e aconselhei. Isso reflete a sabedoria de mulheres de várias culturas e formações — americanas, européias, ricas e pobres, cultas e incultas, idosas e jovens. Muitas "professoras" partilharam comigo seus pontos de vista iluminadores. Minhas professoras foram mulheres talentosas e alegres, corajosas e revoltadas, mulheres com aspirações e sonhos — as bem-sucedidas, as abaladas pela perda e mudança e as paralisadas pelo tédio e pela apatia. Eram pacientes com câncer na luta contra a morte, assim como mulheres tateando confusas em meio às trevas, enquanto buscavam novas identidades e formas de viver. Ensinaram-me a coragem, a coragem de encontrar o caminho na escuridão e de se levantar — para reivindicar uma identidade verdadeira — retomada, fortalecida e alegre.

Início da Dança

O processo da emersão é uma dança maravilhosa. Trata-se de um movimento em direção à totalidade e à alegria. Um tema que continua a tocar durante toda a dança: quando você ouve essa melodia, o movimento se torna mais fácil, mais gracioso. O primeiro passo é estar disposta a dar nome ao nome: identifique claramente onde você está e quais são os seus problemas. Em segundo lugar, confie em que o lugar em que você está e o que você fez é e foi o que deveria ser. Por último, esteja aberta a todas as suas possibilidades, energia e estímulo. A dança tem muitas nuanças porque você é, a um só tempo, complexa e delicada. E isso a levará ao seu próprio coração, onde poderá finalmente reivindicar a posse total de sua autoridade interior. Caminhe na direção de sua própria paz, de seu próprio ritmo. Talvez você até queira deixar alguns passos para mais tarde! Eles estão prontos para você quando você está pronta para eles.

Começamos com aquilo que parece um dos passos mais desafiadores, tanto no livro quanto em nossa vida: a posse da Bruxa. Por essa razão, este capítulo está no início do livro. Se, desde o início, pudermos estabelecer a honestidade como um requisito, o restante virá por si só.

Por enquanto, deixe de lado as idéias preconcebidas sobre a palavra *Bruxa* e esteja aberta para uma nova perspectiva. Todas sabemos que temos dentro de nós coisas que preferiríamos não ter, ou coisas de que temos medo. Receamos que venham à tona quando menos queremos que isso aconteça. São essas coisas que eu, atrevidamente, chamo de Bruxa. Escolhi esse termo porque ele não tem atrativos. Por ser pouco atraente, teremos de notá-lo. Não seremos capazes de evitar, negar, embelezar ou encobrir o comportamento dessa Bruxa. Mas ela não é nosso "eu" real. É uma caricatura de nosso "eu" sombrio. Seja madura o suficiente para ter humor naquilo que faz. Podemos realmente parecer ridículas quando seguimos esses padrões. A que ponto chegamos! Humor é saudável. Podemos ser responsáveis e despreocupadas ao mesmo tempo.

O nascimento de uma bruxa

O inverno tinha sido especialmente frio, com muita neve. Meu irmão John, minha irmã Joanna e eu estávamos sempre espirrando, o nariz escorrendo e com tosse, e vivíamos passando resfriados um para o outro. Então, era muito bom quando mamãe e papai diziam que toda a família ia de férias para a Flórida, para desfrutar um pouco do sol quente de lá. Afinal, alguma emoção real.

Quando íamos em direção ao sul, John e eu estávamos no banco de trás e representávamos aquela velha rivalidade entre irmãos na reivindicação de direitos de ocupação de território. Para ser justa com John, acho que fui eu que comecei a briga com alguns empurrões inocentes. John descontou com umas cotoveladas fortes. Nossas lutas e empurrões continuaram nas milhas seguintes, até que chegamos ao restaurante e, então, prosseguiram durante o ritual de escolha do cardápio.

John espremeu minha mão embaixo da mesa e me torceu os dedos para trás. Comecei a lacrimejar e a me agitar na cadeira. Eu tinha articulações ultraflexíveis e agüentei quanto pude a mão de John esmagando a minha, sem gritar nem choramingar. Mas depois ele torceu com muita força e a dor foi além do que eu pude tolerar. Gritei e puxei a mão.

Minha mãe abaixou o cardápio e nos lançou um olhar furioso e frio.

— Betty, deixe John sozinho — disse ela, fixando os olhos em mim.

Fiquei injuriada! Quem estava sendo ferido — John ou eu? Claro que era eu! Sem dizer palavra, empurrei minha cadeira para trás e saí enraivecida da mesa. Eu sabia que, se eu explodisse, seria castigada. Queria chorar, mas não podia. Queria gritar, mas não ousei.

— Ora, Betty e seu nariz empinado novamente! — ouvi mamãe dizendo atrás de mim, enquanto me afastava, e papai sorriu maliciosamente. Como é típico em muitos pais, eles julgaram o meu comportamento, mas não souberam me ajudar a lidar com aquilo.

Quantos sentimentos se remoíam dentro de mim! Frustração, raiva, mágoa. E não havia como me livrar deles! Alguma coisa dentro de mim pedia para ser compreendida, para ter a garantia de que eu ainda era amada. Fui até o outro lado do restaurante, tentando acalmar a turbulência das minhas emoções. Quando as tinha abafado suficientemente, de modo a me sentir sob controle, voltei para a mesa e assumi a minha atitude habitual, passiva, de menina. A família aprovou a minha atitude, e eu me senti aceita; mas, por dentro, havia um vulcão em atividade, pronto para entrar em erupção.

Numa mesa próxima à nossa, um senhor se levantou para pagar a conta e, quando passou pela nossa mesa, parou para dar seus cumprimentos. — Vocês têm uma família encantadora — disse a meus pais. E, então, virando-se para mim, acrescentou: — Esta pequena, aqui, é especial; é uma perfeita atriz.

Nascia uma bruxa. Naquela época, eu tinha 3 anos.

A Bruxa é o nosso falso "eu", que, como tal, só pode transmitir um poder falso. A Bruxa é algo que criamos para encobrir nossos medos porque não temos confiança em nossos "eus" verdadeiros. Concordar em aceitar a Bruxa é uma alternativa medíocre para tomar decisões por nós mesmas e expressar nossos sentimentos e necessidades reais.

A bruxa cresce

Com 3 anos de idade, nunca me ocorreu que eu estava enganando a mim mesma ao criar uma Bruxa. Na verdade, levei muitos anos para perceber que a parte falsa, o papel que assumi aos 3 anos de idade ao me sentar à mesa sorrindo, enquanto por dentro eu estava queimando, estava distante do meu "eu" autêntico.

Trinta e cinco anos depois olhei de frente para minha Bruxa e percebi o que tinha criado.

Era um dia quente de junho e eu estava em meu quarto, no andar superior de nossa casa espaçosa em James River, separando umas meias. O tempo estava úmido e abafado. O ar-condicionado tinha quebrado, assim as janelas estavam abertas para a brisa entrar e aliviar um pouco aquele calor opressivo.

Separar meias é uma tarefa monótona, algo para se fazer enquanto os pensamentos passeiam por entre sonhos agradáveis. Meu descanso pacífico foi abruptamente interrompido quando Sean, meu marido, entrou repentinamente pela porta, dando a impressão de extrema urgência. Essa energia, tão típica do Sean, era freqüentemente uma alteração encantadora, outras vezes, uma intromissão. Naquele dia, pareceu-me uma intromissão.

Sean começou comentando sobre as condições do jardim. Normalmente, esse assunto me despertaria o interesse, mas, naquele dia, quando começou a falar monotonamente sobre as zínias e os brócolos, continuei separando e dobrando as meias, fingindo estar envolvida e interessada em seu monólogo.

Então, ouvi Sean, dizendo: — Bom, e o que você acha?

O que eu acho? Sobre o quê? Não tinha a menor idéia do que ele tinha falado!

Comecei a balbuciar alguma resposta vaga, mas aí me embrulhou o estômago. Era como se um completo estranho tivesse acabado de entrar em meu quarto — um homem qualquer — e dissesse: — Você foi casada comigo durante quinze anos.

Minhas mãos ficaram frias e úmidas, grudando nas meias, mas mesmo assim continuei cuidadosamente meu trabalho. "Sou uma estranha para ele." Senti um calafrio esquisito por todo o meu corpo.

Ao longo dos anos, eu havia tentado exaustivamente agradar a ele. Arranjar, equilibrar, harmonizar as coisas. Nunca brigamos, nunca discutimos. Mas o que tinha acontecido com o meu aspecto imaginativo, ousado, cheio de vivacidade e emoção espontânea, ou com a criança que tinha tido tanta curiosidade e assombro? Tínhamos o que todos consideravam uma situação invejável. Meu marido Sean era um advogado bem-sucedido. Tínhamos dois filhos, morávamos na parte mais sofisticada da cidade e éramos membros bem-vistos da Igreja Episcopal, da Liga Júnior e do clube de campo. Mas por que eu me sentia vazia e insatisfeita?

Pela primeira vez, percebi o estômago embrulhado, as mãos úmidas e pegajosas, o corpo tenso, o sorriso superficial, e me dei conta da Bruxa que eu tinha criado. Ela era um conjunto de reações que surgia quando eu não sabia o que fazer ou o que dizer. Eu tinha vivido com essa Bruxa desconhecida desde que me sentara à mesa em nossa viagem para a Flórida — e eu ainda estava emperrada lá, engolindo meus sentimentos e fazendo tudo o que era simpático e agradável para conseguir o que eu pensava que queria. Não admira que Sean fosse um estranho. Eu era uma estranha para mim mesma!

Reconheci a Bruxa dentro de mim. Ao mesmo tempo, soube que não era o meu Eu real, era somente o Eu que eu tinha aceitado. Se eu tivesse de entendê-la, tinha de dar nome a ela, com palavras que descrevessem com precisão suas qualidades singulares. Imediatamente vieram à minha mente as palavras "A Passiva Agradável". Era nisso que eu tinha me transformado. As meias foram arrumadas no seu devido tempo, mas eu tinha algo muito mais sério para pôr em ordem.

O que acontece se não admitimos a bruxa?

É difícil admitir que possuímos uma Bruxa (ou Bruxas). De fato, geralmente negamos, racionalizamos ou reprimimos nosso comportamento, justamente para provar que ela não existe.

Falhar em admitir nossa Bruxa significa que continuaremos a nos sentir impotentes, reprimidas, insatisfeitas e amedrontadas. A Bruxa é a defesa contra nossas inseguranças. Chamamos por ela para que nos ajude a manipular e manejar, para conseguir o que pensamos que queremos dos outros. Se precisamos de atenção, reconhecimento e garantia para disfarçar nossos medos, ela faz isso para nós. Ela é eficaz e poderosa. Mas é um falso poder e, usando-a, mantemo-nos presos no falso "eu".

A bruxa precisa ser enfrentada

Quando criança, aprendemos que se não adiantar ser boazinha e sorridente, talvez o papai e a mamãe reparem em nós se ficarmos emburradas, fizermos beicinho ou ficarmos em silêncio. Ou talvez devamos espernear e gritar, discutir e vociferar até que vençamos nossos pais pela persistência e eles nos dêem a atenção que queremos. Ou talvez simplesmente decidamos ser "amáveis" — a qualquer custo. Se esses mecanismos para lidar com a infância não são bem administrados, com o tempo eles se tornam Bruxas e nossos únicos recursos para enfrentar os problemas na idade adulta.

Relutando em enfrentar nossa própria Bruxa, podemos reconhecê-la em outros. Nossos pais, parceiros, chefes ou amigos se apresentam a nós com todos os padrões negativos que negamos em nós mesmas. Eles representam nosso lado repudiado. Em outras palavras, se não lidarmos com nossa Bruxa interior, estaremos atraindo uma delas para junto de nós. O que não nos agrada nos outros está dentro de nós mesmas.

Quando um grupo familiar falha em reconhecer o "eu" sombrio, um membro da família invariavelmente representará a "loucura" que os outros fingem não ter. Esse é o chamado "ovelha negra" da família.

Quando uma comunidade deixa de enfrentar seus padrões negativos inconscientes, eles são projetados num bode expiatório. O julgamento da Bruxa de Salém é um caso clássico. Nos tempos modernos, freqüentemente os judeus, os negros ou cidadãos de terceiro mundo são os alvos para essas projeções e tornaram-se os bodes expiatórios do século XX.

Como encontrar a bruxa

Um dos desafios clássicos nos mitos antigos e contos de fadas é encontrar a donzela abominável, a madrasta, uma fada perversa ou uma bruxa. Ela é a única com poderes para transformar os heróis/heroínas em pedra, de colocá-los para dormir ou de fazer com que percam a cabeça. Nada de significativo acontece nesses contos de fadas sem aquele tipo de confrontação. A Feiticeira — ou a Bruxa — é o catalisador da mudança.

Há algumas sutilezas para se encontrar a Feiticeira. Embora ela freqüentemente apareça como uma bruxa óbvia, obscura e sinistra, o corpo recurvo e estropiado, voz rouca e olhos vidrados, outras vezes ela se disfarça em formas que parecem inofensivas, atraentes ou sedutoras. A Branca de Neve, por exemplo, foi induzida a comer a maçã envenenada porque sua madrasta malvada se disfarçou em uma senhora idosa inofensiva.

Em muitos contos de fadas, enfrenta-se a bruxa nas profundezas de uma floresta escura, num lugar tenebroso e sinistro. É preciso coragem para adentrá-lo e freqüentemente se perde o caminho de volta. João e Maria fazem cuidadosamente uma trilha com migalhas de pão, e os passarinhos as comem. É como se não se pudesse mais voltar atrás depois que se decide encontrá-la!

Na qualidade de mulheres, nós também precisamos estar dispostas a adentrar nossa floresta escura da inconsciência, para encontrar o "eu" sombrio, o feminino negativo. O confronto e o reconhecimento daquela parte da psique é um passo importante no processo de tornar-se inteira.

Toda mulher, em seu caminho para a totalidade, tem os mesmos desafios de iniciação, integração e transformação que os personagens das antigas lendas populares. A floresta tenebrosa, ameaçadora, onde a bruxa é encontrada, é a escuridão de nosso próprio inconsciente que temos medo de adentrar; porém enquanto não fazemos isso, o poder da bruxa é incontestado.

O poder do nome

Para minimizar o poder da Bruxa, temos de identificá-la ou dar nome a ela.

A crença no poder dos nomes é clara em várias religiões importantes e nas histórias antigas. Palavras de poder acompanham grandes eventos. Como as palavras de Ali Babá, o nome abre portas magicamente.

Um dos melhores exemplos do antigo princípio de "dar nome ao nome" vem do conto de fadas de Grimm, *Rumpelstiltskin*.

Um pobre moleiro, gabando-se imprudentemente, diz ao rei que sua filha pode fiar palha para virar ouro. O rei, sempre ávido por mais riqueza, imediatamente põe a moça à prova. Ele a fecha em um quarto cheio de palha, entrega-lhe roca e fuso e ordena-lhe que fie a palha em ouro.

A moça, apavorada, senta-se em frente à roda de fiar e começa a chorar, porque não sabe o que fazer; então, um estranho anãozinho, bem pequenininho, aparece e oferece sua magia. No entanto, ela precisa pagar por essa ajuda.

O anãozinho pede seu colar em troca da ajuda. Ela concorda, contente. Conforme o que foi prometido, ele fia magicamente a palha em ouro.

Na manhã seguinte, quando o rei avarento descobre que o quarto está repleto de ouro, ordena que seja trazida mais palha e exige que a moça também a transforme em ouro.

O anãozinho aparece novamente e pede seu anel. Ela concorda e, novamente, o homenzinho transforma a palha no mais puro ouro. Quando o rei volta, fica extasiado! Enche o quarto com mais palha ainda e ordena que ela, durante a noite, fie novamente a palha em ouro.

Dessa vez, quando o anãozinho aparece, ele lhe pede seu primeiro filho como recompensa. Ela concorda porque não tem mais nada para lhe dar.

Pela manhã, o rei fica tão satisfeito com todo o ouro, que se casa com a filha do moleiro. Um ano depois, ela tem um filho.

Um dia, enquanto ela embala a criança, o anãozinho vem para receber seu pagamento. Ela lhe suplica que deixe a criança com ela. Comovido com suas lágrimas, ele lhe dá uma oportunidade. Se ela descobrir seu nome dentro de três dias, ela pode ficar com a criança.

Por três dias, ela empreende um desesperado jogo de adivinhação com o anãozinho, tentando descobrir seu nome, mas sem sucesso. No terceiro dia, o fiel servo da rainha descobre a casa do anãozinho, no alto das montanhas, à beira da floresta, e espia, sem ser percebido, enquanto o homenzinho dança alegremente em volta do fogo, cantando: — Rumpelstiltskin é meu nome.

À noite, o anãozinho vai ao palácio para reivindicar a criança. Mais uma vez, ele pede à rainha que diga seu nome. Quando ela pronuncia a palavra de poder, "Rumpelstiltskin", o homenzinho destrói a si mesmo num ímpeto de raiva.

Nos contos de fadas, bem como nos sonhos, um anão pode representar um crescimento retardado, um aspecto de potencial não-satisfeito, não-realizado que existe dentro do inconsciente. Enquanto seu nome foi um segredo — sua verdadeira essência ou identidade oculta — Rumpelstiltskin estava sob controle.

Uma vez que a filha do moleiro "deu nome ao nome", ela conseguiu ficar com o filho, o símbolo de seu poder pessoal. O princípio exemplificado aqui é o de que, quando podemos nomear ou identificar alguma coisa, ganhamos poder sobre ela. Para saber o nome de uma pessoa, objeto ou situação, o correto é identificar-lhe a essência. Ao conhecer sua essência, você pode estabelecer uma relação eficaz com ela. Quando reconheci minha Bruxa como uma "Passiva Agradável", identifiquei uma parte falsa de mim mesma que eu estava usando para conseguir aceitação e compreensão. Ao conhecer-lhe o seu nome, pude rejeitar seu poder e diminuir sua influência. Foi um passo importante no sentido de tomar posse do poder real.

Dê Nome à sua Bruxa

Nesta seção, você terá a oportunidade de recuperar seu poder ao nomear a Bruxa.

A maioria das mulheres, de tempos em tempos, tem exteriorizado o comportamento de uma ou mais Bruxas descritas a seguir. Não há dúvida de que uma ou duas vão tocá-la de forma particularmente familiar. Conforme for lendo, descubra qual delas descreve melhor seu comportamento, e tente "dar nome à Bruxa" no final do capítulo.

As Bruxas apresentam diversas roupagens. Há Bruxas que se adaptam a todos os temperamentos, personalidades e preferências. As Bruxas existem em abundância!

Eis vinte variedades delas:

A DONZELA GLACIAL

"Já disse que não há nada de errado... (Mas você, melhor do que ninguém, sabe como eu me sinto.)"

Ela é a mulher que é fria, inatingível, às vezes arrogante. Mantém seu poder ao refrear sua energia. Seu coração é misterioso e fechado. Seu medo — embora possa ser subconsciente — é o de ser usada ou abandonada caso se abra verdadeiramente e se torne vulnerável. A Donzela Glacial cria uma sensação de segurança para si mesma quando não permite que seus sentimentos aflorem. Essa Bruxa evita emoções fortes. Raiva, ressentimentos, embaraço, desamparo, etc., só produzem conflitos e desconforto.

Ela prefere não sentir nada. Ao se esquivar de seus sentimentos, consegue manter seu controle. Olhares glaciais, braços cruzados, afastamento e lábios franzidos fazem parte de seu jogo.

"Não há nada de errado" são suas frias palavras para encerrar o assunto. Seu jogo é chamado "presume-se que você me ama o suficiente para saber o que há de errado comigo sem que eu tenha que lhe dizer — e se você não sabe, eu me fecho ainda mais". O jogo é sutil, deliberado e realizado com muito cuidado.

"Não vou entregar-me a você porque não estou tendo o que quero de você." Seu poder está em se conter e fazer com que os outros se empenhem para conquistar o seu amor.

A FÊMEA CASTRADORA

"Espere até eu acabar com esse filho da mãe!"

A Fêmea Castradora é poderosa e cruel, sarcástica, tira o poder do outro e o menospreza. Delicia-se em castrar os homens com sua língua afiada, suas espetadelas impertinentes e suas farpas.

"Ora essa, George!" ou "Você vai fazer o quê? Você deve estar brincando!"

Também é habilidosa no uso de sua linguagem corporal afável e de seus olhares impiedosos.

Mostra grande aversão por seu companheiro. No final das contas, "ele não é um homem de verdade, é só um rato!" Enquanto ela o mantém inerte, consegue se sentir poderosa.

A DEUSA GRITANTE DA GUERRA

"Que diabo você quer dizer com isso?"

A Deusa Gritante da Guerra é extremamente manipuladora e esmagadora. Cheia de raiva e fúria, discute e vocifera para se controlar e reage à menor provocação.

Não importa quem foi espoliado ou agredido no processo, ela desafia, com suas palavras "vamos deixar tudo às claras", freqüentemente em meio a gritos e berros. Como uma mulher, num seminário, que se vangloriou, dizendo: "Não tenho o menor problema com a raiva, eu simplesmente grito." E ela gritou, em detrimento de todos que estavam à sua volta.

Mulheres que reprimem sua raiva freqüentemente abrigam uma Deusa Gritante da Guerra. Elas não aprenderam a lidar com seus problemas à medida que surgiam. Em vez disso, elas se esquivam dos problemas até que sua fúria reprimida se torne demasiadamente poderosa. É aí que a barreira se rompe e o fluxo é enorme.

SEREIA IMPIEDOSA

"Venha e me possua... se puder."

Sereias são criaturas mitológicas misteriosas, metade peixe, metade mulher. As sereias são a síntese do erotismo impessoal, insensível. Seu objetivo é conquistar homens, não por amor, mas por desejo de adquirir poder. Sua paixão e sua vontade de tirar o poder do outro são disfarçados por uma aparência extraordinariamente bela e por um aparente interesse. A Sereia é a chamada "provocadora", que deseja só o jogo.

O poder de querer ser desejada é secundário para seu poder maior, que reside em rejeitar o homem no momento crítico ou simplesmente em impedir a passagem de sua própria energia, e em assistir à confusão dele. Freqüentemente, esse padrão é resultado de exploração e abuso ocorrido em tenra idade e, em geral, é uma tentativa de desforrar-se dos homens.

A DOCE BELDADE

"Ora, meu bem, tudo está ótimo."

Associamos essa Bruxa com o sul dos Estados Unidos, mas, na verdade, ela está por toda a parte. Tudo é doce e açucarado a ponto de ser repugnante. Os sentimentos e as opiniões reais são mascarados por uma fina cobertura de açúcar. Mas não açúcar verdadeiro, apenas um "substituto". Tudo não passa de um papel a ser desempenhado, de um jogo superficial. O sorriso é artificial, a conversa, previsível.

"E como vai você? Estou muito contente em vê-lo."

"E como está sua mãe? Que bom, fico muito feliz!"

"Agora você realmente precisa vir visitar-nos. Adoraríamos vê-lo!"

A pequena flor de magnólia encantou a todos, embora haja pouca sinceridade em suas palavras. As palavras são eficazes. Funcionam, dão resultado, incluindo também convites importantes e o prestígio de estar com as pessoas certas. Scarlett O'Hara, em *E o vento levou*, sabia muito bem como se transformar na Doce Beldade quando precisava de alguma coisa para a propriedade que lhe era tão querida — Tara.

A MÁRTIR SOFREDORA

"Tudo bem... (suspiro)... eu faço isso."

É a mulher que se orgulha de sua estóica negação de si mesma, martiriza-se por seu marido, seus filhos, pela "Causa" ou por sua profissão. Refreia sua raiva e sua sexualidade e reprime a alegria. Ganha pontos quando sofre ao extremo, e deixa todo o mundo ciente de sua dor.

Acredita que o sofrimento a torna especial. Escolhe os momentos oportunos para suspirar fundo, de modo a aumentar o efeito. Faz muito barulho com o aspirador de pó ou arruma o quarto enquanto o resto da família está assistindo ao futebol na tevê! Dessa forma, todo mundo vai reparar que "a mamãe tão boazinha" continua trabalhando.

Uma mulher que insiste em desempenhar o papel de Mártir Sofredora lembra um jantar de Ação de Graças com lugar para todos, menos para ela. Quando lhe perguntam onde ela se sentará, replica: — Não, não, eu não vou me sentar. Só quero ter certeza de que todos estão bem acomodados!

Todos se sentem gratos à Mártir Sofredora. Ela domina por meio de sua dor. A partir de sua posição de controle e manipulação excessivos, ela exerce um grande poder. Por trás do sofrimento normalmente está dissimulada a crença de que ela não é digna de amor e carinho.

Ela ainda tem de aprender que não precisa sofrer para ser amada.

Esse comportamento apresenta um suposto paradoxo que precisa ser entendido. Dar-se verdadeiramente é uma virtude que só pode provir de um coração generoso. Se nos damos para impressionar os outros ou para parecer virtuosas, estamos agindo com segundas intenções. Se nos damos porque achamos que temos obrigação de fazê-lo, então realmente somos a Mártir Sofredora.

A PASSIVA AGRADÁVEL

"Diga o que disser, querido, eu concordo."

Calada, reservada, agradável e dócil, essa Bruxa luta para se tornar invisível, para não ser notada, para não soltar um pio nem fazer exigências. A Passiva Agradável abre mão de pensamentos originais e opiniões pessoais na esperança de não ser censurada e de não perder a aprovação dos outros.

Um dos exemplos mais surpreendentes da Passiva Agradável ocorreu num seminário sob minha direção na Holanda. Estávamos fazendo um exercício no qual um parceiro deixava que o outro o empurrasse até que ele se virasse, olhasse para o rosto do outro e dissesse: "Pare, já chega!" A linguagem corporal e o modo como as palavras são proferidas revelam muito sobre a maneira como a mulher lida com sua raiva. Nesse caso, em particular, uma mulher se deixou empurrar até o outro lado da sala. Então, ela se virou e falou educadamente: "Obrigada." São os nossos padrões arraigados!

Geralmente, por trás do tipo da Passiva Agradável está uma raiva imensa. Uma jovem muito amável, mas triste e sofrida, veio se aconselhar comigo. Tinha as costas recurvas e sofria de enxaqueca. Quando era criança, o pai tinha abusado dela tanto psicológica quanto emocionalmente. Estava irada e aterrorizada por não ter exteriorizado a raiva, já que só conseguia expressar as emoções sentidas profundamente de uma forma negativa.

Para acalmar o "vulcão" que queria entrar em erupção, ela precisava de um ambiente seguro para sentir seu profundo pesar. Uma vez estabelecida a confiança entre nós, pusemos um travesseiro numa cama e ela começou a dar socos no travesseiro. Ela golpeava o travesseiro ao mesmo tempo que liberava um pouco de suas mágoas e pesares. Repentinamente, sua enxaqueca desapareceu por completo. Liberar a raiva que estava reprimida há muito tempo foi o primeiro passo importante. O próximo foi aprender maneiras sadias de transmitir seus sentimentos.

A SEREIA SEDUTORA

"É um desafio, mas vou conseguir."

No mito de Ulisses, Circe adverte Ulisses para não se deixar seduzir pelo canto das sereias das ilhas pelas quais eles iriam passar. Circe sabia que essas sereias levavam os homens à ruína. No entanto, os homens de Ulisses são seduzidos e atraídos para a ilha, onde reinam o sexo e o prazer.

A Sereia Sedutora aparece para seduzir homens para encontros sexuais, assim, ela usa todo o seu charme feminino para atraí-los e despertar-lhe a curiosidade. Ela quer a atenção dos homens para garantir sua própria sexualidade e se sentir importante aos olhos das outras mulheres. Embora ela dê voluntariamente seu corpo, ela refreia seu "eu" interior. Seu jogo não é a intimidade verdadeira, mas a conquista. Ela se admira, dizendo: "Ainda sou atraente? Ainda posso conquistá-lo?"

Lembre-se, Cleópatra era tão atraente que muitas batalhas foram travadas em seu nome!

A MADRE SUPERIORA

"Bem que eu falei. Se você tivesse escutado!"

Ela é hipócrita, a "sabe-tudo" que pode sustentar todas as suas opiniões e não gosta de ser questionada. O resultado sobre os que a rodeiam pode ser desalentador. É como se, em sua presença, algo interior se tornasse diminuto e acovardado.

Ela mantém um rígido controle de si mesma e da situação. Seus padrões do que é certo e errado são rigorosos. Ela tem pouca tolerância para o que seja "obscuro". As Madres Superioras são sargentos treinados e mães dominadoras, professoras de escola primária, enfermeiras-chefes, advogadas e executivas. Em qualquer posição que esteja, a Madre Superiora precisa, acima de tudo, estar "certa". Caso descubra que cometeu um erro, fará tudo para se proteger, pois não pode se mostrar errada, o que, a seus olhos, colocaria em risco sua posição de infalível.

A AMAZONA ENCOURAÇADA

"Sou tão boa quanto qualquer homem — e é melhor que você acredite!"

A Amazona Encouraçada é a mulher que se identifica com o aspecto de poder do masculino. Ao mesmo tempo, renuncia à capacidade de se relacionar afetivamente, uma qualidade que tradicionalmente tem sido associada com o feminino. Geralmente, a mulher Amazona é uma grande realizadora. Seguiu a carreira de médica, do mundo das leis ou das ações e das apólices. É tão boa quanto qualquer homem ou melhor ainda. Seu lado masculino é muito desenvolvido e mostra competência, confiança e iniciativa, mas as qualidades femininas de acalento e sensibilidade são subdesenvolvidas e reprimidas. De acordo com Linda Leonard, no livro *The Wounded Woman*, essa Bruxa é freqüentemente o resultado de uma ferida na relação pai-filha, presente em mulheres cujos pais foram "negligentes ou irresponsáveis ou ausentes emocionalmente".

A couraça é sua garantia. Geralmente, há uma fissura na couraça. Se alguém ousa descobrir sua maneira de ser nessa fissura, a Amazona Encouraçada é forçada a lidar com questões emocionais, freqüentemente com grande dificuldade.

A CAÇADORA DE TESOUROS

"Ele preenche todos os meus requisitos – é podre de rico!"

Embora fossem encontradas mais freqüentemente num período mais longínquo da História, as Caçadoras de Tesouros ainda existem por aí. Essa mulher está voltada para o que pode conseguir. Se ele não tem um cartão de crédito Diner's Club, se não é sócio de um clube de campo de elite ou de um iate clube, ela não se interessa por ele. O que ele pode comprar para ela? O que dará para ela? Sentimentos verdadeiros de amor são meramente secundários. Dinheiro é o que importa. A Caçadora de tesouros, não sabendo o que é o verdadeiro amor, estabelece as notas de dólar como seu substituto para o amor. Zsa Zsa Gabor nos divertiu com suas histórias de maridos milionários, exemplo de que, para algumas mulheres, "Os diamantes ainda são o melhor amigo de uma mulher".

A VIÚVA NEGRA

"Gosto quando eles se retorcem."

Essa mulher se compraz em ferir o homem. Sua questão básica é: – Você me ama o suficiente para deixar que eu o machuque? Ela persuade sistematicamente, depois faz o homem cair em sua cilada. Uma vez completado seu ritual, ela está pronta para o golpe letal. Ela é fatal.

Esse padrão aparece com mais freqüência quando uma mulher sofreu abusos ou foi rejeitada pelo pai. A ferida é profunda, ela quer vingança. Quando o pai não está por perto, ela volta a ele por meio dos homens que encontra. Sente-se completamente triunfante quando termina uma relação, deixando que o homem lide com a dor e a rejeição.

Recentemente, numa sessão, uma jovem descreveu de modo bastante frio o grande sofrimento por que seu ex-parceiro estava passando, pelo fato de ela ter decidido terminar o relacionamento. Ele estava sofrendo, e aquilo provava que ele realmente a amava!

Na infância, ela dividia o quarto com a irmã. Periodicamente seu pai ia ao quarto e molestava sexualmente essa irmã. Durante anos, ela teve ódio desses abusos, mas só depois de muitas sessões foi que descobrimos a causa mais profunda da raiva. O pai não a tinha escolhido!

Ao terminar o relacionamento com um parceiro, ela constatava quanto sofrimento ela podia causar. Embora seu pai não a amasse o suficiente para fazê-la sentir-se poderosa, seu parceiro, que estava sofrendo, a amava. Ela tinha poder para atrair e destruir! Sendo assim, podia, de uma forma sofrida, castigar o pai que não a tinha escolhido.

SALVE-ME

"Talvez seja ele."

Essa é a clássica garota que fica esperando que o Príncipe Encantado venha salvá-la. Ou, como diz um velho amigo, "Onde é que está Errol Flynn?" A Bruxa acredita que os homens têm todo o poder e ela, não. Se ela tem a sorte de estar num relacionamento que vale a pena, sua vida pode correr bem. Por outro lado, se ela renuncia a si mesma em função de um homem não tão maravilhoso assim, ela passará por muito sofrimento — algo como estar sem um homem.

Sarah, uma mulher atraente de 35 anos, está desesperada porque se divorciou há dez anos e ainda "não teve nenhum homem!" Recentemente, ela encontrou, numa conferência, um homem mais velho que estava separado da mulher. Imediatamente houve uma atração entre ambos, e eles partilharam alguns momentos mágicos. Agora, todas as suas esperanças se refazem, considerando a possibilidade de novos momentos como aqueles! Ela considerou a hipótese de se mudar para perto dele, mesmo que o divórcio dele não se tenha consumado e que ele ainda tenha de começar a lidar com muitos problemas interiores que vêm à tona depois da separação de um relacionamento muito antigo. Se esse novo relacionamento não terminar num casamento, com bolo e fitas, ela vai ficar arrasada. A Bruxa Salve-me constantemente se dá para oferecer alegria aos homens e, aí, se isso não dá certo, sente-se injustamente vitimada.

MUITA FUMAÇA PARA POUCO FOGO

"Não entendi."

Essa mulher é aloucada, desorganizada, inconstante, impertinente e desorientada. Freqüentemente é imaginativa, aventureira, intuitiva e mística. Pode estar totalmente empenhada em sua alegria etérea. Goldie Hawn freqüentemente fazia esse papel nos filmes. A crença básica de muitas mulheres que desempenham esse papel é que não é bom ser brilhante. A inteligência deve ser camuflada. Esse disfarce pretensioso é uma tentativa de não ser ameaçadora para os homens, e o desamparo pode ser totalmente conciliatório.

Esse pássaro gorjeia seu canto leviano para os homens: "Eu nunca conseguiria ler esses manuais de instruções. Como funciona esta coisa?" ou "Esta chave é daqui? ... Eu não consigo!"

Muitos homens querem ser solicitados, e essa donzela se mostra claramente necessitada!

A BRUXA QUE DEFINHA

"Desisto. Não consigo lidar com isso!"

A Bruxa que Definha parece muito desamparada e adora fazê-la sentir-se responsável por ela.

"Puxa, você é maravilhosa. Eu gostaria de ser a boa mãe que você é. As crianças realmente me esgotam."

Ela tem prazer em ficar deprimida. Dessa forma, ela consegue fazer com que os outros venham até ela e a salvem, tirando-a do mau humor. Se ninguém a ajudar, ela continuará inativa e deprimida e lamentará a situação. Às vezes, essa Bruxa só se mostra numa situação de crise, continuando completamente camuflada nas outras vezes.

A BRUXA RECONSTRUÍDA

"Posso realmente 'entrar de cabeça' nessa."

Ela é a fã da Nova Era e já passou por todos os processos descritos nos livros. Teve sua família reconstruída, já se submeteu a terapias de EST, Rolf, Reiki e já renasceu. Ela tomou florais de Bach e aromaterápicos, submeteu-se à Gestalterapia, fez leituras mediúnicas e regressões de vidas passadas. Seu passatempo é citar nomes e nomes de professores e grupos que ela conhece e falar sobre "o assunto". A Bruxa Reconstruída é tudo isso ao mesmo tempo ou assim ela quer que os outros pensem. Ela freqüenta seminários e treinamentos, mas não para aprender com eles. Ela sabe tudo e já fez tudo — tudo, exceto mudar.

A BRUXA AMARGA

"Depois de tudo o que eu fiz para você... e o que é que eu ganho?"

A Bruxa Amarga odeia a si mesma. Ela é cruel com ela mesma e com os outros. Em algumas famílias, a Bruxa Amarga é uma herança, algo como a mãe amarga que transmite essa característica às suas filhas, buzinando em seus ouvidos, ao dizerem o quanto é difícil ser mulher ou ao propagarem a idéia de que sexo e homens são coisas terríveis. Se a filha dela tiver de passar por algum sofrimento em seus relacionamentos com homens, ela vai responder com o profético "eu avisei."

Freqüentemente, a mulher abandonada desempenha o papel da Mulher Amarga. A segunda mulher de um homem também pode se tornar a Mulher Amarga, principalmente se houver problemas financeiros ou problemas com os filhos do primeiro casamento.

Deborah, uma mulher atraente de 30 anos, fechou os olhos e visualizou sua Bruxa. Ela tinha lhe dado um nome e a descrevera e agora a Bruxa estava bem ali, com ela. Com um pouco de coragem, ela se viu tratando sua bruxa com desdém, uma mulher horrível, patética, infeliz. Deborah olhou para essa figura repugnante e perguntou: — O que você quer que eu saiba? Do que você precisa?

A resposta veio claramente: "Amor e atenção."

Parte de seu espírito feminino foi negada. Como conseqüência, sua mulher interior sentiu-se martirizada, prejudicada, não desejada e amarga. Usando sua imaginação, Deborah segurou as mãos dessa mulher interior e irradiou amor e cuidado para essa figura patética. A pálida e velha mulher se transformou numa versão mais jovem de si mesma, vibrante, cheia de vida e energia. A transformação foi surpreendente! Quando conseguimos aceitar e amar nosso "eu" negativo, ele passa a não ter mais poder sobre nós.

A BRUXA RANZINZA

"Pelo amor de Deus, Henry, ponha a tampa no tubo da pasta de dente."

A Bruxa Ranzinza não deixa passar nada e ela nunca se cansa de tentar provar seu ponto de vista. Ela ressuscita o passado, as velhas feridas, os sofrimentos e desilusões e traições (reais ou imaginadas). A Bruxa Ranzinza repete sempre as mesmas coisas. Ela carrega uma "Mala Preta" cheia de experiências do passado. É crítica, queixosa, lamuriante em relacionamentos com homens, desempenha o pai ou a mãe supercríticos. Com esmero enervante ela sabe como atingir seus pontos fracos.

A BRUXA DE DUAS CARAS

"Claro, eu vou... (Canalha, você me paga!)"

A Bruxa de Duas Caras é toda sorrisos em sua presença e, por trás, só se queixa. Por exemplo, é a nora cordial quando está na presença dos pais dele e instantaneamente muda de caráter assim que eles saem.

No meio profissional, a Bruxa de Duas Caras realmente quer arruiná-lo, mas você nunca suspeita. Ela é muito talentosa para demonstrar seus sentimentos verdadeiros. A máscara que ela usa pode ser muito bonita e suas palavras quase sempre são as que você quer ouvir; mas há um efervescente conflito oculto. Ela faz um jogo perigoso de manipulação e trapaça.

A ABELHA RAINHA

"Eu sou a responsável por tudo aqui — e não se esqueça disso!"

A Abelha Rainha domina o ambiente e comanda a atenção. Ela é o centro do universo e tudo e todos devem girar em torno dela. No trabalho, ela freqüentemente toma o partido dos homens e quase sempre é a responsável por manter outras mulheres à parte. O local de trabalho é o seu território, e ela quer que todos saibam disso. Ela usa a diplomacia de sua rede para descobrir os indesejáveis que não aceitam sua autoridade como ela a vê.

Em casa, é a mulher manipuladora. Quando é avó, ela ainda exerce seu domínio durante as visitas aos filhos e netos. Ela imediatamente assume a direção da casa e começa a tomar decisões pela família. Se for questionada ou desafiada, ela fica amuada e mostra-se profundamente magoada até ser reintegrada em seu posto legítimo de Abelha Rainha.

Dando Nome à Bruxa

Leia a lista das Bruxas. No espaço em branco apropriado, anote a freqüência com que essas bruxas se manifestam na sua vida e descreva as situações em que você as usa.

E se você realmente tiver coragem para começar, pergunte a um amigo.

A Mulher Emergente

A Bruxa	Características	Freqüência com que se manifesta	Situações em que você ainda usa
A DONZELA GLACIAL	"Já disse que não há nada de errado... (mas você, melhor do que ninguém, sabe como eu me sinto)."		
A FÊMEA CASTRADORA	"Espere até eu acabar com esse filho da mãe!"		
A DEUSA GRITANTE DA GUERRA	"Que diabo você quer dizer com isso?"		
A SEREIA IMPIEDOSA	"Venha e me possua... se puder."		
A DOCE BELDADE	"Ora, meu bem, tudo está ótimo."		
A MÁRTIR SOFREDORA	"Tudo bem... (suspiro)... eu faço isso."		
A PASSIVA AGRADÁVEL	"Diga o que disser, querido, eu concordo."		
A SEREIA SEDUTORA	"É um desafio, mas vou conseguir."		
A MADRE SUPERIORA	"Bem que eu falei. Se você tivesse escutado!"		
A AMAZONA ENCOURAÇADA	"Sou tão boa quanto qualquer homem — e é melhor que você acredite!"		

A Posse da Bruxa

A Bruxa	Características	Freqüência com que se manifesta	Situações em que você ainda usa
A CAÇADORA DE TESOUROS	"Ele preenche todos os meus requisitos — é podre de rico!"		
A VIÚVA NEGRA	"Gosto quando eles se retorcem."		
SALVE-ME	"Talvez seja ele."		
MUITA FUMAÇA PARA POUCO FOGO	"Não entendi."		
A BRUXA QUE DEFINHA	"Desisto. Não consigo lidar com isso!"		
A BRUXA RECONS-TRUÍDA	"Posso realmente `entrar de cabeça' nessa."		
A BRUXA AMARGA	"Depois de tudo o que eu fiz para você... e o que é que eu ganho?"		
A BRUXA RANZINZA	"Pelo amor de Deus, Henry, ponha a tampa no tubo da pasta de dente."		
A BRUXA DE DUAS CARAS	"É claro, eu vou... (Canalha, você me paga!)"		
A ABELHA RAINHA	"Eu sou a responsável por tudo aqui — e não se esqueça disso!"		

A Luta com o Dragão é o antigo conflito em estabelecer nossas próprias identidades. O dragão é o símbolo dos pais. A Luta com o Dragão começa cedo na vida e pode se perpetuar. No centro da luta, está a questão de nossa própria individualidade, de nosso esforço para sermos autênticas.

A Luta com o Dragão é a batalha que travamos com nós mesmas quando nos rebelamos contra nossos pais ou nos esforçamos para nos igualar a eles. Qualquer que seja o caminho sempre há uma luta.

A Luta com o Dragão termina quando estamos prontas para aceitar nossos pais como são, quando aceitamos ser quem somos, e quando completamos a tarefa do nosso próprio crescimento.

Resgatar a Luta com o Dragão ajuda-a a entender seus pais. Também a deixa consciente de sua energia masculina e feminina e de seus tipos de relacionamento.

2

O Fim da Luta com o Dragão

Lembro que, quando criança, numa noite quente de verão, eu estava deitada na relva, sentindo o perfume da madressilva, fitando o céu estrelado e me perguntando: "Quem sou eu? De onde vim? Por que nasci?" Considerando todos os lugares possíveis onde eu poderia estar, por que morava naquela pequena cidade? E por que, contando todas as pessoas da Terra, eu tinha aqueles pais?

Quando me sentei na relva, pensei: "Fui adotada." A idéia me transmitia um estranho conforto, uma explicação que minha mente jovem podia compreender facilmente. Para finalizar, meus irmãos e minha irmã eram morenos, enquanto eu era loira e linda. E certamente tinha um talento interior diferente.

— Mãe, você tem certeza de que não sou adotada? — foi uma pergunta que fiz mais de uma vez.

— Betty, realmente! Por que continua a perguntar isso? — ela replicava com um ar de irritação. — Por que eu a adotaria se já tinha dois filhos?

No entanto, eu não estava convencida. Não achava que fazia parte da família. Não éramos como uma mãe e uma filha deveriam ser. E certamente havia vezes em que eu pensava que, se pudesse, teria escolhido meus pais de outra forma. Não que não houvesse amor; havia, mas meu pai, amoroso como era, era muito antiquado e limitador para minha natureza espontânea, aventureira. Minha mãe... era ali que estava realmente o conflito. Às vezes, uma mãe tem um filho em particular que é seu desafio principal. Definitivamente eu era esse desafio.

Eu queria aprender dança, minha mãe insistia no piano. Quando eu quis usar maquiagem, ela achou que eu era muito jovem. Brigávamos por privacidade, pelo horário de dormir, pelo estilo do penteado, pela escolha de amigos, por tudo! Ou pelo menos parecia. Quando me apaixonei pela primeira vez, ela não deixou que eu e Jimmy nos víssemos. Ela não aprovou. Aos seus olhos ele não estava a minha altura.

Eu também era crítica em relação a ela. Minha mãe precisava usar salto alto, até quando lavava roupa? Ela não podia, pelo menos uma vez, ser como as outras mães e ir à mercearia de calça comprida? Sempre tínhamos de comer comida "saudável"? As regras tinham de ser tão rígidas? Ela não podia gostar dos meus amigos como eu gostava?

Naquela relva senti-me muito sozinha e estava convencida de que eu era a única menina que tinha esses problemas, a única que brigava tão intensamente com os pais, a única com um dragão com quem lutar.

A Vida como uma Escola de Mistério

Nossos pais não foram pessoas perfeitas, mas foram os pais perfeitos para nós. Considere a possibilidade de que, antes de você nascer, uma Inteligência Divina deixou que você escolhesse seus pais e você escolheu especificamente os que são os seus pais hoje. Admita que você escolheu seus pais porque reconheceu algo neles que os fez pais perfeitos, os professores perfeitos para quaisquer aulas, capacidades, virtudes, talentos ou inclinações que você precisava desenvolver para se tornar um ser completo nesta vida. Viver como se isso fosse verdade pode mudar sua perspectiva sobre seu relacionamento com seus pais.

Cada pessoa, cada situação que deparamos na vida nos apresenta uma oportunidade para aprender alguma coisa sobre nós mesmos. A vida é uma escola, e nós, por estarmos no planeta, automaticamente somos catalogados como alunos. Na Escola da Vida, nossos "professores" são todas as pessoas de nossa vida que refletem ou espelham os aspectos de nós mesmos.

Como professores, a tarefa deles é nos ajudar a nos tornar mais conscientes. O requisito para a graduação é o "Conhece-te a ti mesmo". Às vezes, quanto mais forte nossa reação a uma pessoa, mais precioso o professor.

Considere a possibilidade de seus pais serem membros importantes do corpo docente dessa escola. Eles fizeram um currículo e iniciaram as aulas para o seu desenvolvimento e crescimento espiritual que você terá de dominar por muitos anos, se não a vida toda.

Os pais representam, espelham, exageram e refletem tudo o que precisamos aprender, não importa o que seja. Quando não reagirmos mais àqueles aspectos de nossos pais que uma vez nos impulsionaram, e conseguirmos reagir de outra maneira, teremos de fato aprendido nossa lição e eles não terão mais poder sobre nós.

A Luta com o Dragão

Nos mitos e contos de fadas, uma das tarefas arquetípicas do herói ou da heroína é matar um dragão. Este geralmente é um monstro feroz, grande e poderoso, que solta fogo pelas narinas e que freqüentemente vigia um tesouro. Ele faz com que as pessoas se curvem de medo e as mantém completamente distantes da vida prática e da vida expressiva.

A terapeuta Joan Kellogg, em seu livro *Mandala: Path of Beauty*, usa o termo "Luta com o Dragão" para descrever o antigo conflito que as crianças têm para estabelecer sua própria identidade. O dragão é o símbolo de seus pais. A Luta com o Dragão começa cedo e pode durar a vida toda. Essa luta envolve o problema de nossa própria individualidade, nossas batalhas para nos tornar seres autênticos.

* * * *

A Luta com o Dragão é a batalha que travamos com nós mesmas quando nos rebelamos contra nossos pais ou quando nos esforçamos para nos equiparar com eles. Qualquer que seja o caminho, há uma luta.

A Luta com o Dragão termina quando estamos prontas para deixar que nossos pais sejam quem são, quando conseguimos aceitar que sejamos quem somos, e quando completamos a tarefa do nosso próprio crescimento.

* * * *

Durante a maior parte de nossos anos de formação e dependência, nossos pais ou quem quer que desempenhe o papel de curador principal são os únicos modelos que temos no mundo. Eles nos transmitem nossos primeiros conceitos de quem somos. Eles também são nossos modelos primários de papel a desempenhar, tanto no que se refere ao significado de ser homem e mulher quanto ao de estar se relacionando com alguém.

A batalha se inicia no momento em que começamos a sentir que nossos pais não nos estão dando tudo aquilo de que precisamos. Se nos sentimos decepcionadas ou enganadas na vida por causa dos pais que temos, podemos nos perguntar: "Por que nasci deles?" Tornamo-nos críticas e melindradas ou envergonhadas e atrapalhadas. Nós os rejeitamos e nos rebelamos, ao nos tornar o oposto de tudo o que eles defendem, ou nos esforçamos para nos igualar a eles, fazendo-nos à imagem deles para sermos aceitas e aprovadas.

De qualquer forma, estamos lutando com dragões. Não nos diferenciamos deles e não nos aceitamos. Nós nos sentimos não-amadas e inseguras. A relação com nossos pais pára de se desenvolver. Podemos nos tornar a criança temível, a filha rebelde ou a adolescente reprovada por toda a vida.

Embora a Luta com o Dragão esteja relacionada com os pais, nem sempre a exteriorizamos com nossos pais. Tudo o que não foi resolvido com nossos pais é carreado para outros relacionamentos. Para nós, uma outra pessoa pode estar representando o papel de mãe ou ser a figura do pai: marido, amante, filhos, chefes, professores, o motorista de ônibus ou o balconista. Tudo o que queremos e não conseguimos de nossos pais vamos tentar conseguir deles.

Você continua se relacionando com seus pais, mesmo que eles estejam muito distantes, mesmo que você não tenha tido contato com eles desde a sua infância e mesmo que eles tenham morrido. Você continua carregando esse relacionamento dentro de si; aquele relacionamento que falseia o seu ponto de vista em todas as áreas de sua vida. Isso afeta o modo como você se vê, o modo como se sente em relação à sua própria feminilidade e masculinidade e o modo como reage em todos os seus relacionamentos.

Uma das coisas mais tristes é ver pacientes com câncer, de 78 anos, gritando em seus leitos de morte por relacionamentos não resolvidos com os pais. A necessidade de se chegar a uma resolução é tão grande que depois de toda uma vida de Luta com o Dragão, há uma última tentativa de terminá-la. A batalha exterior ou interior, a luta, enfim, continua até que o dragão seja morto.

O Desenho dos Pais

Desenhe seus pais numa folha de papel, usando lápis ou giz de cera coloridos. Desenhe-os como pessoas, não como símbolos. (Em outras palavras, não desenhe seus pais como uma estrela nem como uma árvore ou arco-íris.)

Não importa se você sabe desenhar ou não. Mesmo as figuras mais simples podem fornecer informações valiosas. O segredo é ser espontânea.

Pelos desenhos espontâneos ou improvisados, o inconsciente se expressa e freqüentemente se comunica de modo mais claro do que por processos racionais.

Complete seu desenho antes de seguir para a próxima seção. Continue a ler o que vem a seguir; isso poderá alterar sua experiência.

O que Significa o Desenho dos Pais

É realmente você

Ao mesmo tempo que o Desenho dos Pais é sobre eles, tudo o que desenhou é realmente sobre você mesma. (Isso será discutido detalhadamente a seguir, neste capítulo.) O Desenho dos Pais dá informações em quatro áreas específicas:

1. Como você vê seus pais
    Para identificar e solucionar velhos padrões, você precisa ser honesta em seus sentimentos com relação a seus pais. Os desenhos não vão refletir necessariamente quem são seus pais, mas quem você pensa que são. O que os desenhos dizem a respeito da interação com o outro? Com eles mesmos? E com você?

2. Seus padrões de relacionamento
    Nossos pais nos ensinam sobre relacionamentos. Nos desenhos, até que ponto seus pais estão juntos ou separados? Quais são suas formas de orien-

tação não-explícitas? Que tipo de informação você conseguiu sobre relacionamentos? De que modo você está repetindo os mesmos padrões? (Procure os mesmos padrões e os padrões opostos.) Por exemplo, se seu pai é um "raivoso inveterado", você pode atrair o mesmo padrão ou um padrão oposto, alguém totalmente alheio a sentimentos. De qualquer forma, você está sempre lidando com a mesma questão. Quanto mais anômalo for o padrão, mais desesperado é o esforço para recriar o mesmo padrão. É nosso esforço colocado em lugar errado para resgatar o padrão original.

3. Seu equilíbrio feminino-masculino

As figuras em seu Desenho dos Pais representa suas qualidades femininas e masculinas e em que medida elas estão integradas e equilibradas.

FEMININO	MASCULINO
Gentil	Forte
Lado direito do cérebro	Lado esquerdo do cérebro
Sentimentos	Lógica
Emoções	Raciocínio
Receptiva	Assertiva
Espontânea	Organizada
Acolhedora	Protetora
Dispersa	Disciplinada
Sabedoria	Conhecimento
Vulnerável	Rígida
Compreensão	Julgamento
Lua	Sol
Inconsciente	Consciente
Frio	Calor
Introvertida	Extrovertida
Intuitiva	Pragmática
Forma	Força
Espacial	Linear

Olhe para o desenho de seus pais e determine as qualidades femininas e masculinas de cada um. Quais dessas qualidades você admitiu? Quais estão faltando?

4. O que você precisa fazer para completar a tarefa do seu próprio desenvolvimento? Por exemplo:

A mãe é muito rígida?

Você precisa de mais flexibilidade.

Um deles não tem pé.

Você precisa de mais bases, mais alicerces.

O pai é muito sério?

Seu lado masculino e/ou os homens em sua vida tendem a ser muito sérios ou não são sérios o suficiente.

É preciso treinamento e intuição para interpretar todas as sutilezas dos desenhos. Por exemplo, que cores e/ou combinação de cores podem acrescentar uma outra dimensão no nível de interpretação? Mas, mesmo sem treinamento, as diretrizes a seguir podem lhe dar informações suficientes para que você aprenda muito com o Desenho dos Pais.

Interpretação do seu Desenho: Dados a Procurar no Desenho

Humor

Qual é o humor geral de seus pais? São tristes, rígidos, abertos? É assim que você se expressa?

Papéis

A. Pegue seu desenho e dobre ao meio. Geralmente, a mãe está à esquerda e o pai, à direita. Se eles estiverem invertidos, o que isso lhe diz sobre o papel que cada um desempenhou em sua vida? O que prevaleceu para você, o "masculino" ou o "feminino"? Você atrai mulheres "masculinas" ou homens "femininos?

B. Qual deles predomina? Se um de seus pais é perceptivelmente fraco, quem, em sua vida, desempenha esse papel para você agora? (Por exemplo, mulheres que desenham uma figura paterna pequena ou insignificante geralmente vão atrair homens muito fracos, tipos "machões" autoritários em sua vida.) Ou se um dos pais é fraco, você desempenha o papel de fraco nas relações?

C. Até que ponto eles estão perto ou longe um do outro? Estão unidos ou separados? Se estão unidos, seus contornos são confusos ou podem ser vistos distintamente?

O que o desenho diz a respeito do modo como você estabelece relação com o significado de homens/mulheres em sua vida atualmente?

Até que ponto seus aspectos femininos e masculinos estão integrados?

A linguagem corporal

A. Quanto você desenhou de seus pais? (Só a cabeça, a cabeça e os ombros etc.) Até que ponto você conhece seus pais? E você mesma?

B. O maior foco está em que parte do corpo deles? Veja todas as partes do corpo que sobressaem. Que partes do corpo estão salientadas e que outras são fracas ou subdesenvolvidas? Qual a precisão de seus desenhos? (Se seu pai é magro, você o desenhou gordo? Se sua mãe quase não tem seios, você a desenhou com seios?)

Faça interpretações simbólicas do corpo. Se você desenhou seu pai sem orelhas, por exemplo, isso pode significar que você sente que ele nunca a "ouviu". Se sua mãe tem seios grandes, você pode achar que ela é muito acolhedora.

Os Símbolos e suas Associações Comuns

Maxilar cerrado

Sentimentos não expressados, autocontrole excessivo.

Orelhas

A menos que estejam cobertas pelo cabelo comprido, elas deveriam estar presentes no desenho. Se não estiverem, isso pode indicar que você se sente desprezada.

Cabelo

O cabelo representa os pensamentos. O cabelo é rebelde, inexpressivo, esvoaçante, escasso?

Olhos

Os olhos representam como você vê as coisas. Quais são os sentimentos, a expressão transmitida pelos olhos (medo, raiva, desconfiança etc.)?

Olhos vivos sugerem amor ou simpatia. Olhos que se cravam sugerem uma pessoa crítica.

Boca

A boca simboliza a comunicação. Lábios carnudos geralmente indicam alguém que gosta de partilhar experiências verbalmente.

Lábios finos e comprimidos sugerem emoções ou pensamentos contidos.

Pescoço

É a ligação entre a razão e as emoções ou entre a cabeça e o coração. Se o pescoço for extremamente longo, pode indicar orgulho. Não haver pescoço pode ser indicativo de alguém que tem problemas na ligação entre a cabeça e o coração. Se houver limitações em torno do pescoço (cachecóis, colarinhos, colares etc.), isso geralmente significa dificuldade na expressão verbal.

Ombros

As responsabilidades pesam nos ombros. Se eles forem muito largos, a pessoa pode estar carregando muitas responsabilidades. Ombros caídos podem indicar medo. Ombros em proporção adequada com a constituição corporal podem indicar alguém responsável e fiel.

Braços

Capacidade de se expressar, de alcançar. Os braços são rígidos, as mãos estão nos bolsos, cruzadas atrás do corpo? Isso poderia indicar um pai ou uma mãe que não foi capaz de dar ou receber. Você tem esses problemas?

Cotovelos

Uma curvatura delicada nos cotovelos sugere flexibilidade, capacidade de adaptação; cotovelos inflexíveis sugerem uma rigidez na expressão de si mesmo.

Torso

Essa parte do corpo reflete a consciência de si mesmo. Uma postura curvada indica falta de auto-estima. Um torso saliente ou excessivamente grande em relação ao resto do corpo indica uma natureza autoritária ou alguém que faz muitas "cobranças" a si mesmo.

Seios

Indica a capacidade de ser calorosa e acolhedora. Observe se você desenhou sua mãe com seios grandes, embora na realidade ela tenha seios bem pequenos. Seios achatados geralmente indicam a relutância em ser mulher e a vontade de continuar a ser uma garotinha.

Plexo solar

O plexo solar é a área das glândulas supra-renais, a sede de nossas emoções. Se houver muita ênfase nessa área no desenho, isso pode indicar problemas emocionais que precisam ser resolvidos ou emoções que necessitam ser expressas. Observe a cintura particularmente fina ou exageradamente larga. Isso pode sugerir sexualidade reprimida, por manter tudo inativo e sob controle.

Pernas

As pernas são aquilo em que nos baseamos, e representam alicerce e apoio. Veja se as pernas estão fora de proporção com o resto do corpo (muito grandes ou muito pequenas).

Pernas fracas, subdesenvolvidas indicam um alicerce fraco.

Pernas moles denotam dificuldade em tomar iniciativa.

Pernas grossas ou muito musculosas refletem força bruta.

Pés

Os pés nos dão equilíbrio. Representam alicerce físico ou psicológico. Veja se os pés estão no chão. O desenho de uma pessoa na ponta dos pés ou com pés em desequilíbrio indica que ela demora para estabelecer contato com a vida, do ponto de vista físico ou psicológico. Essas pessoas tendem a ser sonhadoras. Pés que não tocam o chão indicam alguém "sonhador".

Para que direção os pés estão voltados (para fora ou para dentro)? Os pés também representam o modo como avançamos em nossa vida, e a direção que tomamos.

As Reflexões sobre o Desenho dos Pais

1. O que o seu desenho fala sobre a maneira como você vê os seus pais?
2. Como esse desenho reflete seus tipos de relacionamento masculino/feminino mais significativos (passado ou presente)? Sua relação atual ou recente é semelhante à de seus pais? É igual? É o oposto? Representa um padrão mais antigo, mas que você superou?
3. O próximo passo é ir ao âmago do seu desenho. Lembre-se de que a mãe e o pai que você desenhou também estão relacionados com seus aspectos femininos/masculinos.

Agora, olhe seu desenho como uma fotografia de si mesma. O que ele sugere sobre seus lados masculino e feminino? Qual lado parece mais forte, mais feliz, subdesenvolvido, fraco, dominante, etc.?

4. O que seu desenho sugere no que concerne ao que você precisa fazer por si mesma para se tornar mais equilibrada e completa?

Cuidando do Próprio Crescimento

Escreva nos espaços em branco a seguir. Use mais papel, se necessário.

1. O que seus pais não fizeram por você?

2. Por que não fizeram?

3. O que você queria que eles tivessem feito?

4. Que diferença isso teria feito?

Depois de responder a essas perguntas, lembre-se de que *seus pais fizeram a parte deles.* O que eles não fizeram cabe a você completar agora.

5. Como você pode completar a tarefa do próprio crescimento agora?

A Criação de Nossos Pais

Nós criamos os nossos pais! Nenhum de nós tem os mesmos pais que tivemos ao nascer. É claro que temos os mesmos pais biológicos, isso não pode ser mudado, mas a mãe, o pai que você tem hoje são os que você criou como resultado de sua experiência com eles.

Para exemplificar isso, imagine que você e seus pais estão sentados, juntos, a uma grande mesa. Você tem uma folha de papel a sua frente, com os dizeres: "Descreva as três características mais importantes de seus pais."

Diante deles também há folhas de papel. São para descrever o que eles consideram as três características mais importantes deles mesmos.

Quais são as três coisas que você pôs na sua lista? São as mesmas que você teria enumerado quando tinha 5 anos de idade? Quando você era adolescente? Há cinco anos? Há seis meses? Serão as mesmas que você verá neles daqui a cinco anos?

O que os seus pais escreveram na lista deles? Como eles se descreveram? A lista deles é igual à sua? Ou eles se vêem de outra forma, diferente de como você os vê?

Quem são os seus pais? Os que você pintou? Ou eles são o que pensam que são? Ou talvez quem eles realmente são vai além da percepção de todos vocês?

Uma coisa é certa. Todas nós temos convicções e opiniões sobre nossas mães e pais, e essas surgem como resultado de nossas experiências com eles. Nossos relacionamentos com nossos pais são falseados por essas convicções e opiniões, e convicções podem ser mudadas. Por conseqüência, todas as nossas experiências — passado, presente e futuro — podem ser mudadas. Essa é uma parte da mágica que temos — o poder de transformação.

Os Pais Vistos de Duas Maneiras

Há muitos anos, duas irmãs participaram do *Seminário sobre a Mulher Emergente*, em Washington, distrito de Colúmbia. Quando chegou a vez de se fazer o Desenho dos Pais, os resultados foram estarrecedores!

Marlene, a irmã mais velha, usando cores escuras, desenhou seu pai como uma pessoa austera e distante. Tudo em seu desenho sugeria que seu pai era fechado e altivo. Suas mãos estavam nos bolsos, sua cabeça estava voltada para fora e havia uma distância significativa entre as duas figuras. Por outro lado, Meryl, a mais nova, desenhou um homem alegre, radiante, animado, com um sorriso na face e braços abertos de modo convidativo para si mesmo. Poderia ser a mesma pessoa?

Os desenhos da mãe também refletiam pontos de vista contrastantes. Marlene desenhou sua mãe com cores claras, vibrantes. Ela era atraente e bem-proporcionada e projetava um temperamento caloroso e radiante — uma acolhedora inata. Meryl desenhou sua mãe como uma mulher gorda, inchada, com lábios comprimidos, olhos rasgados, tensos, mostrando um olhar ameaçador, mãos nos quadris, numa postura rígida e julgadora. Uma megera amedrontadora!

Filhos da mesma família terão experiências e relacionamentos diferentes com os mesmos pais, da mesma forma que seus pais com eles. Mas com Marlene e Meryl as diferenças eram extremas. Os dois desenhos eram tão diferentes, que seria impossível supor que eles representavam os mesmos pais.

Para Marlene, a mãe era acessível, calorosa e tangível. Para Meryl, o pai tinha sido o acolhedor principal. Pais iguais — realidades diferentes.

Dragões Ocultos: A Síndrome do Santo Pecador

Alguns dos dragões que enfrentamos existem realmente. Estamos cientes de que as questões surgem de acordo com o modo como interagimos com um de nossos pais particularmente. Temos discernimento para a forma como eles se espelham para nós. Sermos conscientes de nossos próprios processos e responsáveis por nossa parte nesses processos indica que estamos bem em nosso caminho para terminar a luta.

O verdadeiro desafio vem, porém, quando o dragão está mais disfarçado. Os dragões ocultos são bem camuflados, de tal modo que freqüentemente não vemos qual de nossos pais é nosso verdadeiro dragão.

* * * *

O pai/a mãe com quem temos certeza de ter problemas geralmente não é aquele que pensamos.

* * * *

A síndrome do santo pecador ocorre quando estamos determinados a superestimar um dos pais e a subestimar o outro. Enquanto virmos um deles como um santo e o outro como um pecador, madona ou prostituta, rei ou vagabundo, haverá um desequilíbrio correspondente em nós mesmos. Pelo fato de não sermos capazes de ver nossos pais claramente, também não seremos capazes de ver claramente nossos parceiros.

Mãe, é Você?

No Seminário sobre a Mulher Emergente, em Londres, Margaret admitiu que seu maior conflito era com seu pai alcoólatra e ofensivo. Ele era o dragão óbvio.

No transcorrer do fim de semana, ela percebeu que seu maior problema não era com seu pai, mas com sua mãe. Era com a mãe que ela tinha os mais profundos e ocultos sentimentos de desconfiança! Ela se ressentia pelo fato de a mãe não tê-la protegido de seu pai.

À medida que Margaret continuou explorando seus sentimentos, ela se confrontou com uma verdade alarmante. Como ocorria com sua mãe, ela não podia confiar em si mesma. Ela não conseguia ser firme e clara. Esquivava-se de dar passos positivos ou de ser direta para resolver situações desagradáveis. Também tinha medo de perder o amor dos que lhe eram queridos. De muitas maneiras, ela era exatamente como sua mãe!

Quando começou a se entender, Margaret pôde entender mais a mãe. A compaixão substituiu a recriminação. Margaret ganhou um novo senso de auto-estima e o potencial para novos direcionamentos em sua vida. Ela tinha desenterrado o ouro que poderia enriquecer sua vida.

Durante um curso, Margaret perdoou sua mãe, liberando-a de censuras futuras. Como passo final, Margaret comemorou por se libertar da necessidade de agradar aos outros em detrimento de sua própria integridade. No futuro, ela se fortaleceria por meio da atitude correta.

A história de Sandra

O pai de Sandra era dominador, difícil, irritadiço e autoritário. Seu modo de falar era franco e enérgico. À mesa do jantar, ela lembra de ser abordada com uma fala ofensiva: "Cale-se e coma a sua comida." Sandra evitava problemas com o pai imitando o comportamento da mãe — sendo calma e ficando fora do caminho dele. A mãe era do tipo meigo, que não entrava em conflito. Fazia tudo para agradar à sua família. Com seu jeito tranqüilo, ela deixava evidente que era uma Mártir Sofredora. Para Sandra, a mãe era a santa, e o pai, o pecador.

Quando Sandra se casou, ela reeditou o mesmo padrão de sua mãe, fazendo-se de agradável, doce, de Passiva Agradável para um homem dominador, irritadiço. Depois de muitos anos, o marido a abandonou. Sandra ficou desgostosa com os homens. Virtuosa aos seus próprios olhos com relação à sua difícil situação, ela se perguntava por que tinha de sofrer tanto e por que sua vida era tão difícil. O padrão de mártir estava profundamente arraigado.

Sandra não tinha pressa em trocar de marido. Os anos se passavam e ela se sentia bem num papel acolhedor com os homens, e optou por manter seus relacionamentos unicamente na base da amizade. Um grande interesse em espiritualidade, religião e conceitos filosóficos preencheu o vazio que existia nela. Sua energia se voltou para Deus.

Por volta dos 50 anos, a vida apresentou a Sandra um difícil desafio. Sua mãe enferma foi morar com ela. Estava acamada e requeria cuidados constantes. A tensão e o *stress* de lidar com os cuidados de enfermagem para a mãe, além do seu confinamento, começaram a pesar. Trabalhar o dia todo, em tempo integral, e depois chegar em casa para um outro compromisso de tempo integral, a estava esgotando física e emocionalmente. Enquanto isso, sua mãe padecia dores e freqüentemente caía em depressão.

"Você pode me virar outra vez? Há outra coisa para comer sem ser isto? Quero beber um pouco mais. A luz está muito forte. Diminua um pouco." As necessidades pareciam não ter fim. A atitude de Sandra em relação à mãe mudou. Ela já não a via mais como uma santa; estava cansada de suas queixas. Para sua grande surpresa, Sandra se viu respondendo a sua mãe num estilo muito semelhante ao de seu pai. *Era* como que resgatar um pouco de sua qualidade de insistência na franqueza. Que revelação! Sandra descobriu que tinha de colocar limites para o seu tempo e para o que ela poderia ou não fazer pela mãe, mesmo que quisesse. Foi forçada a desenvolver o lado masculino positivo dentro de si. Seu desafio era falar com a franqueza de seu pai, mas evitando o tom áspero negativo.

Agora, Sandra vê o valor do pai; ela é menos inibida, mais aberta e honesta em suas falas. Ela pode parar de ser uma Mártir Sofredora e uma Passiva Agradável. E sua mãe tem de descer do pedestal. Embora a mamãe acalentasse bem, ela não era franca e não sabia como se defender.

Freqüentemente, descobrimos, como fez Sandra, que nossa maior força aparece quando entendemos o pai/a mãe com quem tivemos nosso maior desafio! À medida que Sandra cresce, avaliando o valor dos pais, não só de um deles, ela se desenvolve com mais equilíbrio dentro de si.

Resgatando a Luta com o Dragão

Quando estava deitada na relva, quando criança, perguntando-me, admirada, por que tinha nascido *naquela* família, eu estava certa de que o verdadeiro dragão com quem tinha de lutar era a minha mãe. Porém, muitos anos depois, ocorreu um incidente que me despertou uma nova consciência.

Foi quando David, meu filho mais velho, começou a andar. Eu o levei para visitar meus pais, em Front Royal. Um dia, minha mãe se ofereceu para pôr David para dormir. Do outro quarto, eu podia ouvi-la cantando uma cantiga de ninar. As palavras, a cadência, as inflexões eram idênticas à forma como eu cantava as mesmas cantigas. O mesmo carinho e ternura que eu sentia pelo pequeno David estavam na voz dela. Como eu podia ter pensado que éramos tão diferentes uma da outra? Como podia ter ignorado esse seu lado?

Sempre tinha admirado a enorme força, independência e individualidade de minha mãe. De certa forma, eu não estava disposta a valorizar sua brandura e sua natureza maternal. Reconhecer esse lado seu me ajudou a pôr fim à luta com o dragão.

A verdade é que podemos pôr fim à Luta com o Dragão a qualquer momento que quisermos.

Esse ato requer apenas três coisas:

1. Devemos aceitar que nossos pais não foram pessoas perfeitas, mas foram os pais perfeitos para nós. Eles nos deram os desafios exatos de que precisávamos para nos tornar mulheres inteiras.

2. Devemos devolver nossos pais a nossos pais. Deixá-los ser quem são. Eles nunca poderão ser pessoas reais enquanto os mantivermos em nossas idéias, crenças e opiniões sobre quem ou como queremos que sejam ou como deveriam ser ou poderiam ter sido. Quando conseguirmos aceitá-los como

são, eles não terão mais de ser como queremos que sejam. Todos estaremos livres!

3. Temos de ter a responsabilidade de cuidar do nosso próprio crescimento e amar a nós mesmas. Tudo o que nossos pais não fizeram temos de fazer por nós mesmas. É bem simples.

Chega de lágrimas

Leslie era uma mulher de 40 anos que veio me consultar. Sua aparência exterior refletia seu estado interior. Suas roupas eram desbotadas, amarrotadas, dando a impressão de desleixo.

A mãe de Leslie morrera quando ela tinha 3 anos. Isso havia criado um vazio em sua vida que nada parecia preencher. Trinta e sete anos depois, ela ainda se afligia pela perda da mãe. Seu pai havia se casado logo depois da morte da mãe. O tratamento dado pela madrasta só reforçava a visão que Leslie tinha de si mesma como órfã, abandonada e não amada. Leslie sentia sua madrasta como rude e negligente, e a culpava por falta de carinho desde a tenra idade.

Naquela época, às vezes eu incluía massagem terapêutica em minhas sessões. Leslie estava na mesa de massagem, e quando a sessão estava para acabar, tive um impulso repentino de envolvê-la numa manta de um modo bem particular. Quando coloquei a coberta em torno dela, disse-lhe bem espontaneamente: "Chega de lágrimas, Leslie. Chega de lágrimas." As palavras pareceram vir de algum outro lugar. As lágrimas começaram a rolar em suas faces. Meu gesto espontâneo de empatia e carinho remeteram Leslie à memória de sua mãe, esta cobrindo-a na cama de uma forma semelhante.

Ela se abalou com uma liberação intensa de emoções represadas. Ela chorava e soluçava à medida que sentimentos de perda e de tristeza vertiam das profundezas de seu ser. Por fim, concluiu com um suspiro. Estava acabado. A partir de então era hora de viver.

Nas sessões subseqüentes, Leslie liberou mais dor e aceitou a responsabilidade de cuidar do próprio crescimento. Começou a se mimar e a se acalantar, como desejara que sua mãe tivesse feito. Tornou-se sua própria mãe amorosa, avaliando seus pensamentos e sentimentos. Começou a amar o seu corpo e a prestar atenção à própria aparência. Adorava tomar longos banhos quentes de imersão, e fazia massagens. Pela primeira vez na vida, foi divertido, e não uma luta, sair para comprar roupas atraentes. Sua metamorfose interior se completou quando, numa festa, um homem jovem lhe disse: "Você é uma mulher linda e admirável." Essa era a confirmação de que o que ela estava começando a sentir interiormente era visível exteriormente.

Fria, rígida e vestida de preto

Quando encontrei Lynn ela estava se preparando para morrer. Era uma mulher atraente de 35 anos, com um marido que lhe dava um apoio maravilhoso e três filhos. Estava morrendo de câncer. Dois anos antes havia feito uma mastectomia e a metástase tinha-se alastrado por todo o corpo. Às vésperas da morte, a atitude de Lynn era extraordinariamente positiva. Cuidadosamente, havia posto em ordem sua vida, garantindo, tanto quanto possível, uma transição serena para si mesma e para sua família. Ela enfrentou o prognóstico com grande coragem.

Quando nossas sessões começaram, havia somente uma questão não resolvida — seu relacionamento com a mãe — e isso a preocupava profundamente. À medida que nossas sessões se desenrolavam, custava a acreditar que realmente pudesse existir uma mulher como a descrita por Lynn. Quando encontrei sua mãe, no entanto, a descrição pareceu precisa. Ela, de fato, era fria, rígida e severa. Não havia absolutamente nada comovedor, nenhuma demonstração de sentimento de qualquer espécie. Ficou em pé, calada, no quarto do hospital vestida em seu longo casado preto, com os cabelos cortados desigualmente e rentes à cabeça. Era difícil imaginá-la no papel de mãe. Parecia mais um impiedoso guarda de prisão.

Numa sessão, Lynn lembrou uma experiência dolorosa da infância, tão humilhante e traumática, que literalmente me congelava à medida que ela a revivia.

— Eu tinha 6 anos — disse ela. — Estava com um vestido novo e o molhei. Estava brincando num riacho, mas não devia brincar lá. Quando minha mãe me encontrou lá, ela começou a gritar, a berrar por causa do vestido, dizendo que eu era uma menina ruim! — Lynn fez uma pausa e respirou profundamente. Era óbvio que a dor de sua experiência era profunda.

— Então ela começou a me puxar e a me bater. Eu sabia que ela tinha uma corda. Ainda estava berrando, gritando comigo por causa do vestido estragado. Então ela me empurrou contra uma árvore e me amarrou a ela. — Lynn mordeu os lábios e tentou segurar as lágrimas. Começou a soluçar.

— E ela me deixou lá — disse ela. Eu podia ouvir a criança apavorada em sua voz, ainda tremendo, atordoada e sozinha.

As lembranças dolorosas tinham de ser resgatadas. Muito daquele ser estava naquelas feridas precoces. Qualquer parte de nós que esteja presa no passado não pode viver no presente.

No dia seguinte, resolvi submeter Lynn a uma experiência de visualização guiada, para ajudar a resgatar aquelas lembranças precoces da infância. Era importante reviver essa experiência e transformá-la.

Ela se deitou tranqüilamente à minha frente. Seus olhos estavam fechados e ela respirava ritmadamente, enquanto ao fundo tocava uma música suave e relaxante. Sugeri que ela voltasse no tempo, a quando ela tinha 6 anos.

Lynn se viu amarrada à árvore novamente, sentindo-se sozinha e aterrorizada.

— Não há ninguém para ajudá-la aí? — perguntei.

Ela parou. — Há, sim — murmurou —, eu vejo alguém. É Jesus. — Sua voz era calma e serena. — Jesus está vindo pelo caminho para me ajudar. — Lynn era uma mulher de muita fé, e eu sabia, de outras conversas, que Jesus era alguém em quem ela confiava totalmente.

— O que Ele está fazendo agora? — perguntei.

— Ele está vindo na minha direção. — Ela sorriu. — E agora ele está desamarrando a corda. Agora a corda está solta.

— O que você está sentindo agora?

— Não estou mais com medo. Há tanto amor! — De repente suas feições relaxaram totalmente e ela ficou em silêncio.

Eu parei, cuidadosamente, para não me intrometer naquele momento, permitindo que a experiência interior se desdobrasse. Seu rosto ficou ligeiramente tenso.

— O que está acontecendo agora?

— Estou vendo minha mãe. Ela está vestida de preto. Parece brava. Estou com medo.

— Não pare agora, Lynn. Vá em frente. O que está acontecendo agora?

— Jesus está segurando minha mão e está me levando na direção de minha mãe. Não estou com medo. Minha mãe parece diferente agora. Ela está me olhando carinhosamente. Agora estamos juntos numa roda. Todos estamos de mãos dadas. Minha mãe está sorrindo.

Lynn ficou em silêncio novamente, seu olhar interior fixou aquela cena de amor e reconciliação. Ela abriu os olhos e sorriu.

— Minha mãe não sabia como ser uma mãe. — Não havia um sinal de crítica, dor ou julgamento em sua voz. — Quando estávamos na roda, de mãos dadas com Jesus, pude sentir como era assustador e frustrante ser uma mãe como ela. Era algo que ela nunca entendeu.

Nos dias seguintes, Lynn praticou, visualizando, uma reconciliação com a mãe. Ela havia resgatado o passado e agora queria resgatar o presente. Em sua mente, via-se sentada em sua cadeira de balanço num quarto de frente, sua mãe vinha em sua direção e as duas se abraçavam. Ela praticou essa visualização várias vezes, até que se tornasse uma experiência viva.

Duas semanas depois da sessão de visualização dirigida, ela e sua mãe estavam reconciliadas. — Pela primeira vez em minha vida, minha mãe realmente estendeu-me a mão e abraçou-me calorosamente — disse-me Lynn. — Ela até chorou. Na verdade, nós duas choramos.

Quatro meses depois Lynn morreu, enquanto dormia, em paz. Ela foi uma convincente professora para mim.

Medos a Superar:
a Morte de meu Pai

Meu pai tinha 85 anos quando morreu de câncer.

Durante toda a vida, ele tinha sido um homem cheio de energia, positivo e vibrante. Seu diagnóstico não foi fácil para ele. Mas o mesmo humor, forte desejo e absoluta honestidade com que ele sempre encarou a vida estiveram com ele durante sua doença.

Muitos meses antes de ele morrer, tive um sonho breve mas muito claro que me acordou no meio da noite. No sonho, meu pai estava arranhando sua pele e puxando o cabelo.

Na vida real, meu pai tinha pouco cabelo. Que eu me lembre, sempre fora calvo. O sonho tinha uma mensagem simbólica. Meu pai (meu lado masculino) estava perturbado. Arranhar a pele indicava que algumas coisas estavam me incomodando (sob minha pele), e o puxar de cabelos eram os pensamentos que eu queria exteriorizar. Os sonhos são, antes de mais nada, sobre o "eu". Eu tinha a sensação, no entanto, de que havia coisas que meu pai também queria exteriorizar. Foi um sonho muito intenso; parecia um pedido urgente de ajuda. Na manhã seguinte, cancelei meus compromissos e fiz as cinco horas de viagem até Front Royal.

Cinco horas são um longo período para se dirigir, e fiz algumas sérias viagens ao espírito durante o percurso. Meu pai foi sempre aquele a quem eu quis me igualar. Ele era caloroso, generoso e sensato. E, embora nem sempre concordássemos, admirava-lhe os grandes ideais e a integridade. Seu modo de viver era nobre e respeitável. Era por isso que eu estava lutando em minha própria vida.

Com meu pai não havia segredos. Ele era franco, aberto e sincero e estava enfrentando sua doença como fez em sua vida, com franqueza e honestidade. Ele não tinha ilusões. Sabia que seu câncer era terminal. Optou por passar o resto de seus dias em casa, com a família, e morrer em sua própria cama.

Eu não tinha dúvidas acerca do laço que existia entre nós. O amor que sentíamos um pelo outro era forte e claro. Mas o que não estava claro era sua compreensão e aceitação de meu divórcio. Era doloroso pensar que ele nos deixaria sem que estivesse resolvida essa questão sensível. Havia falado com ele sobre isso, mas muitas coisas eu não tinha partilhado com ele, havia muitas coisas não-ditas.

Meu pai não acreditava em divórcio. Casamentos eram para sempre, independentemente de qualquer coisa. Embora ele fosse um batista fiel, para mim era como um rabino sensato e benevolente, um bondoso mas firme homem da lei. Eu sabia que ele tinha sofrido muito com a minha decisão de me divorciar. Ele me aceitaria como uma mulher divorciada que escolhe por si mesma, por seus próprios pensamentos, desmanchar os laços do casamento? Eu sabia que ele queria entender as minhas razões, mas era difícil para mim. Era preciso que eu exteriorizasse coisas muito difíceis de serem ditas. Se eu não podia ser honesta e ele estava para morrer com algum mal-entendido, como eu iria me sentir ou como ele iria se sentir? Eu podia confiar em mim mesma para expressar meus pontos de vista confidencial e diretamente, considerando ainda minhas decisões? Supondo que ele ainda não aprovasse — mesmo em seu leito de morte? Eu me conteria e me tornaria a Passiva Agradável mesmo assim?

"Betty, seja você mesma." O conselho de meu pai para mim sempre fora sensato e simples. "Seja natural. Conheça seu coração." Essas palavras sempre foram uma fonte de energia para mim. Nos mitos, o assassino do dragão é alguém que conhece a si mesmo, confia em sua própria capacidade e enfrenta a tarefa — não comparando sua força com a do dragão, mas harmonizando-se com o poder interior. Enquanto ia para a casa de meu pai, minha prece era para que eu fosse guiada pelo amor, não pelo medo.

No início, houve momentos embaraçosos. Eu estava constrangida e extremamente cautelosa. Às vezes, me via caindo no padrão familiar de me conter. Meu desejo mais profundo, mais sincero, era dizer tudo o que precisava ser dito, e eu sentia que nunca teria uma oportunidade como aquela com meu pai novamente. O amor que sentíamos um pelo outro era mais forte do que meus medos. O nervosismo desapareceu rapidamente, assim que comecei a partilhar íntima e completamente minhas experiências com ele.

Passamos quatro dias juntos. Rimos, conversamos, choramos. Muitas questões foram resgatadas durante as horas passadas juntos, da minha vida e da dele. Às vezes, o papel pai-filha se invertia. Eu era a mãe, e ele, a filha; eu me tornei a professora, e ele, o aluno. Eu não era mais simplesmente uma filha, mas uma amiga, um pessoa amada — inteira. Aqueles dias juntos foram sagrados.

No último dia juntos, sentei-me em seu quarto, olhando-o enquanto cochilava. De repente, senti a necessidade urgente de ir até ele e colocar minhas mãos sobre suas faces e sua calva lustrosa, maravilhosa. Fiquei lá, acalentando o coração, jorrando todo o amor profundo que eu tinha por ele. Ele acordou e, com olhar vago e um sorriso, olhou para mim e disse: — Nós realmente nos amamos, não é? — Ao final desses quatro dias, quando deixei meu pai, eu sabia que ele estava em paz. E eu também.

Os sentimentos tinham sido profundos e houve momentos de grande tristeza. Mas voltei para Virginia Beach e a tristeza não me destroçou, não naquele momento. Havia muito para agradecer, muito para considerar: o sonho que me tinha chamado até ele, a consciência e a convicção absolutas que me tinham impulsionado para ir até lá e ficar com ele e, depois, a força de falar com o coração. Como pai e filha e como alma para alma, tínhamos vivido e explorado novas profundezas e intimidade um com o outro.

Eu era tudo o que podia ser para ele, e ele se abriu completamente comigo. Foi um momento de Vida, não de morte, para nós dois.

Poucos dias depois, minha mãe me telefonou para dizer que o câncer de meu pai tinha avançado. Qualquer esperança efêmera de cura havia desaparecido. O câncer tinha-se alastrado por todo o corpo. Suas forças se esvaíam. Já estava muito fraco para falar. As belas palavras confortadoras daquele grande homem não seriam mais pronunciadas. Sentei-me e chorei. As lágrimas eram doces e amargas.

É isso, tinha havido medos a superar. Eu e ele estávamos passando por mudanças. O amor e o apoio que déramos um ao outro tinha-nos preparado para entrar no Desconhecido que se colocaria em sua vida e na minha.

O Resgate do Relacionamento com seus Pais

(Reserve 10 - 15 minutos ou mais)

Comece ouvindo música suave, relaxante. *Faerie Queene*, lado B, é uma sugestão. Deite-se ou sente-se com a coluna reta. Faça alguns movimentos respiratórios, respirando em paz, relaxando e acalmando-se. Expire a tensão, o *stress* e a negatividade. Deixe que sua respiração seja rítmica e fácil.

Devaneio

Veja-se agora numa campina, mova-se e sinta a terra sob os pés descalços. Sinta a textura da grama à medida que caminha. Perceba a presença de vida ao seu redor, os sons dos animais, o canto dos pássaros, a música da brisa soprando suavemente por entre as árvores, o barulho da água num riacho próximo. É hora do pôr-do-sol. Uma luz suave banha o outro lado da campina.

Vá para uma clareira na campina. Do outro lado, há um arvoredo. Estando lá, na clareira, sua mãe e seu pai surgem por entre as árvores. Olhe para eles com curiosidade.

Quem são essas pessoas?

(Pausa)

Agora, sua mãe avança. Esteja ciente do relacionamento que você tinha com ela. Como era ele? Esteja ciente do que você sente — não do que você deveria sentir. Não importa se todos dizem que você deve amar sua mãe. Se você a ama, tudo bem. Se não a ama, tudo bem também.

Você a ama? Não a ama? Tudo o que você sente está certo.

O que você quer dizer a ela agora? Diga todas as coisas que nunca disse. Diga-as de uma forma não-verbal. Se precisar perdoar, perdoe; se precisar ficar brava, fique brava; se quiser contar a ela que fez um bom trabalho, conte. Diga todas as coisas que precisar dizer.

(Longa pausa)

Agora, olhe atentamente para essa mulher. Esteja ciente do caráter humano dela. Esteja ciente de que ela nunca foi treinada para ser sua mãe. Imagine o que foi para ela tê-la como filha. Olhe dentro de seus olhos e esteja ciente de que essa mulher fez tudo o que ela sabia fazer.

Neste momento, compreenda-a tanto quanto puder. Aceite o que puder aceitar. Pergunte a si mesma: "O que eu preciso fazer para resgatar esse relacionamento?"

Agora, ela recua e seu pai avança.

Esteja ciente do relacionamento que teve com ele. Como era ele? Esteja ciente do que você sente à medida que ele avança — não do que você deveria sentir. Você o ama? Não o ama? Tudo o que você sente é certo. Não importa se todos dizem que você deve amar seu pai. Se você o ama, tudo bem. Se não o ama, tudo bem também.

O que você quer dizer a ele exatamente agora? Diga todas as coisas que nunca disse. Diga-as de uma forma não-verbal. Se precisar perdoá-lo, perdoe-o; se precisar ficar brava, fique. Se quiser dizer a ele que ele foi demais, diga. Diga todas as coisas que precisar dizer. Experimente e acabe com isso.

(Pausa)

Agora, olhe fixamente para esse homem. Esteja ciente do caráter humano dele. Esteja ciente de que ele nunca foi treinado para ser seu pai. Imagine o que foi para ele tê-la como filha. Olhe dentro de seus olhos e esteja ciente de que esse homem fez tudo o que sabia fazer.

Neste momento, compreenda-o tanto quanto puder. Aceite o que puder aceitar. Pergunte a si mesma: — O que eu preciso fazer para resgatar esse relacionamento?

(Pausa)

Agora, ele recua e se junta à sua mãe. Olhe para eles enquanto se voltam para as árvores.

Vire-se e deixe a clareira. Caminhe para o outro lado da campina. Esteja ciente de que você pode voltar a essa clareira toda vez que quiser estar com seus pais.

Note que o dia quase chegou ao fim. A última chama de luz desaparece no céu. Vagarosamente, traga a experiência para perto de você.

Deixe a campina. Desvie sua atenção novamente para seu corpo e para a sala em que você está. Fique com seus sentimentos por um instante... comece a alongar seu corpo... respire profundamente... movimente-se... volte renovada.

Observação

Escreva sua experiência num diário ou discuta seus sentimentos com seu parceiro ou grupo de apoio. Compartilhar pode reforçar a experiência.

O devaneio pode ser repetido quantas vezes for necessário, até que o relacionamento seja resgatado.

Quatro Exemplos de Desenho dos Pais

Os comentários sobre esses quatro Desenhos dos Pais vão ajudá-la a avaliar melhor o seu próprio desenho.

A Passiva Agradável

- Irene vê sua mãe como uma garotinha, uma Passiva Agradável. Observe os pés da mulher voltados para o homem, a mão estendida com as flores e o corpo de adolescente (sem curvas, sem seios, sem contornos nas pernas).
- Os braços finos, os colares apertando o pescoço e a expressão reprimida sugerem que a mulher se sente aprisionada pelo seu papel designado por si mesma, mas determinado para ser agradável e bonita o tempo todo.
- O pai aparece jovem e imaturo. Os ombros largos, os braços grossos e as mãos fortes sugerem muita força. Observe a cintura larga acima da área da virilha desproporcionada — forte energia sexual e uma grande dificuldade para controlá-la. Seus pés estão apontando para longe da mulher, indicando que sua direção é oposta, e ela o está perseguindo.
- Como conseqüência de seu condicionamento precoce, Irene, como muitas mulheres, é insegura em relação à energia masculina. Quando os homens são dominadores, irritadiços, vigorosos, ela confunde isso com poder, porque dá resultado. Ela se identifica com a mãe e é esmagadora quando essa energia masculina vigorosa e positiva é dirigida a ela. Irene tem muito pavor dos homens e é incapaz de enfrentá-los e de se expressar. Para "manter tudo bem" ela se faz de Passiva Agradável e não uma mulher madura, verdadeira.
- Enquanto ela olhar para fora de si mesma, para os homens em sua vida, procurando aprovação, ela nunca a terá. O que ela está tentando alcançar de forma tão desesperada nesse desenho é seu próprio lado masculino positivo.

O mais forte dos dois

- Muito sobre a percepção de Vivian de seus pais é dito simplesmente pela colocação das figuras na página. O pai está virado, com uma vista lateral, e o olhar da mãe está voltado para longe dele.
- Com certeza, Vivian considera sua mãe a mais forte dos dois. Ela tem uma serenidade, uma confiança interiores e uma beleza encantadora que faz dela a mais convincente das mulheres. Parece ser independente como se ela não tivesse nem necessidade nem desejo de que o homem a satisfaça. Embora a cópia do desenho seja em branco e preto, no desenho original a mãe está pintada em cores bonitas e harmoniosas, simbolizando a natureza diversificada e interessante dessa mulher. Sem dúvida, ela tem inclinações artísticas, com um aguçado senso estético.
- Por outro lado, o pai é desenhado em cores fracas, vagas e indefinidas. Vivian o capta como uma pessoa carente dos cuidados de sua mulher mais forte. Ele é sensível e delicado, um "Peter Pan" ou "menino sonhador". Ele não cultivou o seu senso de direção e espera que a mulher o desperte. A visão lateral, refletindo compreensão parcial, sugere que Vivian não conhece bem esse homem.

- Vivian se identifica com a mãe. Como adulta, suas atrações e afeições estão voltadas para as mulheres. Sente-se segura com mulheres, particularmente com as mais velhas, que dispõem da mesma força interior que ela tanto admirava na mãe.
- O desenho indica que Vivian quer esquecer o pai e os homens em geral. Essa é a maior razão pela qual ela precisa lidar com eles. Talvez haja um incidente anterior que ela esteja tentando delinear. Seria útil abrir e explorar as lembranças e experiências antigas com o pai. Além disso, ao cultivar amizades masculinas (conversas abertas, compreensão, respeito mútuo), Vivian poderia aprender a estimar muito mais os homens.

Tudo no seu lugar

- Este desenho poderia ter sido feito por muitas pessoas, especialmente pelos que tiveram uma família semelhante àquelas que precederam os anos 50. Nesse cenário, o que era comum naquela geração é que o pai estava "acima" e a mãe, "abaixo".

- Observe este desenho feito cuidadosamente; observe que a mãe está sobre a linha e o pai a ultrapassa. Essa é uma estrutura familiar tradicional e há certa sensação de segurança ao saber que as refeições são regulares, a hora de dormir é um ritual especial, o papai vem para casa para o jantar e há sempre leite na lancheira da escola. A família é importante, tudo e todos têm seu lugar. Eles trabalham o quanto podem, de acordo com sua estrutura definida.

- O pai de Jeanette é desenhado como alguém forte, seguro, responsável, capaz. O garfo e a pá em sua mão lhe dão o sentimento de um trabalho vigoroso e ético. Há certa sensação de que esse homem é franco e disciplinado. Ele é a pessoa forte na família e, definitivamente, exerce o poder. Observe que ele é o único na figura com a boca aberta, enfatizando que ele é a voz para a família. A mãe também se enquadra no modelo de papel tradicional da época. É acolhedora, trabalhadora, pronta para apoiar. Note que ela está sobre a linha. Ela se posicionou para ficar segura em seu lugar, cuidadosa em não cruzar o limite para o desconhecido.

- Jeanette se coloca entre os pais, mais perto da mãe. A mão desta repousa suavemente sobre seus ombros. Parece que ela tende a se espelhar na mãe e se esforça para representar o mesmo cenário em seu casamento. Jeanette está um pouco "fora da linha", mas não se aventurou a ultrapassá-la ainda. Ela também tem trabalho, como está evidenciado pela enxada. Com o trabalho ético tão forte, muito de seu valor será determinado pelo que ela faz, não pelo que é.

- Todos se apresentam em ordem, exceção feita das linhas densas abaixo das figuras. Isso indica que há muita coisa oculta não explorada ou não trabalhada. Isso poderia implicar segredos familiares de qualquer espécie. Há uma espessa cobertura sobre as coisas, e essa cobertura não deve ser removida.

- Por causa da visão de conjunto no padrão de Jeanette, sua tendência era levar a vida como deveria ser e não como ela é. Uma grande ruptura para Jeanette ocorreu com uma filha que a ajudou a ir além dos limites rígidos. Sua filha não seguia o modelo, definitivamente. Durante um período de rebeldia, ela foi sexualmente promíscua e foi uma ativista política. Jeanette foi forçada a mudar sua perspectiva. Tinha de expandir sua visão sobre a vida, amar o bastante para ultrapassar a linha para alcançar sua filha.

O olhar cansado

- Quando as pessoas desenham só um rosto e, nesse caso, com apenas um aspecto, a visão deformada indica como a criança conhece pouco o pai. Leah vê seu pai como um verdadeiro "bicho-papão". Ela tem realmente medo dele.
- Sua mãe é desenhada como uma figura completa, mas sem rosto. Sem identidade. Ela está em segundo plano, "esperando na lateral". Os braços da mãe têm muitas linhas e esta está com as mãos cruzadas. Isso sugere muita emoção e sentimentos contidos que ela tem medo de expressar. A mãe também não tem pés. Falta-lhe o alicerce como mulher. Ela perdeu a terra sob os pés. Ficou impotente devido ao medo que sente do marido. Tanto Leah quanto sua mãe estavam sujeitas aos impulsos violentos do pai e se sentiam inadequadas para lidar com sua energia excessiva.
- Numa situação em que há tanto medo da energia masculina e não há apoio real da mãe, Leah recebeu pouco sentimento do "eu", pouca garantia de que ela estava salva e segura. Olhamos para nossos pais e buscamos segurança física e emocional. Ela não tinha nenhuma delas. Aprendeu a ser enganadora, a esconder a verdade, a disfarçar sentimentos para se virar e "fazer", qualquer coisa para sobreviver. Há um horror fundamental de não ser aceita se o seu "Eu Real" for descoberto. Na idade adulta, a figura autoritária será desafiadora para Leah. Ela vai querer desistir de seu poder ou sair do caminho para evitar conflitos. Talvez, faça grandes esforços para disfarçar ou mascarar partes de si mesma. Quando aceitar a si mesma e sua própria autoridade interior, as figuras de autoridade exterior não vão mais se apresentar como um desafio.
- Antes de Leah poder ver o lado bom em seu pai ou nos homens em geral, ela precisa lidar com seu medo ou raiva dos homens e com seus medos ocultos de que, se exteriorizar sua raiva, ela será exatamente como o pai. Ela precisa praticar lidar com situações à medida que elas forem surgindo, em vez de ficar esperando que os problemas se avolumem e fiquem fora

de controle. É extremamente importante que Leah permita a si mesma comentar o que ela vê, o que sente, aquilo em que acredita, seja reconhecido ou não. Quando ela conhecer seu próprio valor, pisará em terra firme como mulher.

A traição é a morte da confiança.

As traições ocorrem quando nos sentimos
usadas, abandonadas, rejeitadas ou prejudicadas.
As traições são o resultado de acordos
não-transparentes ou expectativas não-realizadas.

Neste capítulo, você aprenderá
a se recuperar de uma traição,
a tirar proveito dessas experiências,
e a superar a
traição para o fortalecimento de si mesma.

Amar é esperar que as pessoas mantenham
a palavra.
A sabedoria está em saber que elas não a manterão
sempre.
Amor-próprio é amar a si mesma,
mesmo quando as pessoas não a amam.

3

Como Superar
a Traição

Eu tinha 6 anos quando meu irmão James nasceu. Para mim, foi um acontecimento extraordinário. Já não era a mais nova da família! Para mim ele era o
bebê mais lindo do mundo. Seus olhos eram brilhantes e risonhos. Seus ca-
chos pendiam suavemente na nuca. O perfume do talco Johnson's que sempre
o acompanhava era um incenso delicado e inebriante.

Eu me tornei a "mamãezinha" de James — sua aliada e amiga. James era
uma criança calada e sensível que sempre precisava ser confortada diante de
qualquer tipo de dor. Lembro uma vez quando um morcego caiu em nossa
lareira. Estava agitando-se rapidamente em torno da sala de jantar, batendo-se
sobre as coisas. Desesperada, minha mãe pegou uma vassoura e deu-lhe uma
pancada, tentando fazê-lo sair da casa. James imediatamente pôs-se a chorar,
com medo de que o morcego fosse ferido.

A mesma sensibilidade aguçada era evidente em nossas aventuras parti-
lhadas da infância. James era o único a descobrir o animal em necessidade e
então conduzir-se de modo a se tornar o médico designado por ele mesmo.
Era James que insistia em fazer funerais adequados para cada animal morto
que descobríamos nas estradas ou nos campos.

Ciente de sua "antena" extra, sempre senti necessidade de acalentá-lo e
protegê-lo, de minimizar as decepções e de tornar sua vida mais leve de alguma forma. No Natal, por exemplo, eu sempre perguntava antecipadamente a
minha mãe o que ela havia comprado para James. Então, se eu sentisse que os
presentes não eram adequados, ou se ela não tivesse comprado o suficiente
para ele, eu a atormentava impiedosamente até ela comprar mais.

O laço de empatia continuou por toda a nossa fase de crescimento. Quando fiquei mais velha, deixei o papel de cuidar dele e nosso relacionamento
passou a ser mais equilibrado, com apoio mútuo. Já adultos, James e eu nos
envolvemos simultaneamente numa busca espiritual. Freqüentamos a Associa-

tion of Research and Enlightenment em Virgina Beach e estudamos juntos os textos de Edgar Cayce. Inicialmente, eu tinha introduzido James nos trabalhos de Edgar Cayce; em contrapartida, ele depois me levou ao Peter e ao New Age Center, também em Virginia Beach. Como estávamos animados com a vida do Espírito, juntos fizemos uma viagem a Israel para retraçar os caminhos do antigo Cristianismo. Nossas horas eram preenchidas com conversas excitantes, discussões filosóficas, risos e completa alegria.

Mas com o tempo, "aconteceu". Tinha-me divorciado recentemente e estava vivendo por minha própria conta quando James aproximou-se de mim, pedindo emprestada uma quantia razoavelmente substancial de dinheiro. Na época, ele estava envolvido em muitos projetos de construção e queria manter seu empréstimo bancário no mínimo.

Sempre tínhamos sido carinhosos e solidários um com o outro. Para mim a questão era simples. Eu tinha o dinheiro e ele precisava dele. Emprestei-lhe o que eu tinha, sem nenhum acordo escrito, assinaturas ou acordo registrado significativo. Eu estava contente por confiar nele e por receber mensalmente os pagamentos dos juros que tínhamos combinado. O trato funcionou bem — exceto o fato de que não apareceram compradores para as casas ou apartamentos. Não demorou muito, o dinheiro de James acabou e meus pagamentos foram interrompidos.

James fez planos repentinos para voltar a Israel, deixando para trás as construções não vendidas. Irritada e alarmada, enfrentei-o na noite anterior à sua partida. Acusei-o, culpei-o, ataquei-o. O James sensível, gentil, não pôde lidar com meu estado emocional extremamente alterado. Essa era uma parte da Betty que ele nunca tinha vivenciado. A irmã mais velha e acolhedora repentinamente tinha-se tornado uma Deusa Gritante da Guerra. Não sabendo como responder, ele instintivamente reagiu com uma fúria de autodefesa.

Assim, ele me empurrou para fora de seu quarto. Com raiva, voltei-me em sua direção, mas ele saiu. Segui-o para chamá-lo de volta. Ele não sabe, mas tropecei e bati minha cabeça na parede. Senti meu corpo baquear e, então, desmaiei, inconsciente.

Quando acordei, não havia ninguém para me ajudar. Eu estava atordoada. Lentamente me recuperei e fui mancando para casa, tremendo, perturbada e confusa. Fui para o banheiro e comecei a encher a banheira de água. Era a única maneira que eu conhecia para acalentar a mim mesma. Tirei as roupas e me enfiei no calor confortante da água. Nesse momento, as lágrimas começaram a escorrer. Não conseguia parar de chorar. Tudo o que eu conhecia até então de James era amor. Como ele podia fazer aquilo? Abandonar-me! Desamparar-me! Ficar com raiva de mim! *Trair-me*! As horas se passaram, sem uma única palavra. Nenhuma ligação telefônica, nenhuma desculpa, nenhuma promessa heróica de ajudar-me a sair do fantasma da dívida e da insegurança. Naquele dia, James partiu em seu desesperado êxodo para Israel. Fiquei com os destroços da confiança abalada e de uma vida que estava de cabeça para baixo.

Se esse tivesse sido o meu único desafio, eu poderia tê-lo administrado; mas estava apenas começando. Em um ano, todo relacionamento masculino significativo na minha vida seria alterado, desafiando-me a reivindicar a minha própria força.

Como divorciada, eu tinha posto um fim ao papel de Sra. Esposa do Proeminente Advogado que freqüentava clubes de campo e encabeçava a lista de convidados para as melhores festas. Agora, em vez de comprar na Bloomingdales, estava com dificuldades para conseguir crédito na Sears. Além disso, vi-me lançada contra meu ex-marido numa séria batalha legal sobre bens imobiliários.

Eu estava convencida de que Sean queria se vingar de mim e exteriorizava sua dor e frustração usando seu exercício legal contra mim. Tinha a destreza, o conhecimento e "o sistema" a seu favor. Tínhamos de lidar com cada questão, caso a caso, e o processo era longo. Uma única decisão sobre direito de propriedade se arrastou por meses. Depois de muitas sessões tensas com um mediador, além de três audiências antes do julgamento, a corte decidiu a meu favor. Mas era uma vitória vazia. A tensão do desafio constante, das acusações e recriminações tinham-me exaurido. Até então, eu nunca tivera de me apoiar em mim mesma. Agora, parecia que a única coisa que eu estava fazendo era brigar e lutar para sobreviver.

Nesse mesmo curto período, meu pai morreu de câncer. Tinha sofrido por muito tempo, e eu vira a doença destruir-lhe o corpo lentamente. Sentia tanta empatia por ele que comecei a desenvolver doenças pré-cancerígenas. De qualquer modo, eu desenvolvera uma convicção inconsciente de que eu poderia ajudar meu pai pegando para mim a sua doença. Era uma fantasia heróica nascida de uma sensação de impotência para ajudar alguém que eu amava ternamente. A crença era totalmente irracional. Foi muito trabalhoso desfazer essa crença destrutiva e restaurar a minha saúde.

Quando meu pai morreu, o sentimento de perda foi muito doloroso. Meu pai me amava incondicionalmente. Cresci com a sensação confiante de que ele sempre estaria lá quando eu precisasse dele. De repente, havia um vazio. Não havia braços abertos, nenhuma voz animadora. Foram-se também a força e a sabedoria que me aconselhavam. Ele estava morto, e eu, desprotegida.

Aproximadamente na mesma época, meu filho de 14 anos, que estava morando comigo, tomou a decisão repentina de voltar a morar com o pai dele. Estava infeliz com a escola pública da nossa vizinhança. Queria voltar para a mesma escola particular que ele freqüentava antes do divórcio. Assim, John foi embora e meu coração se despedaçou.

Como minha crise financeira piorou, voltei-me para meu irmão mais velho, John. Investi-me de toda a coragem para pegar o telefone. Tinha de estar desesperada para poder admitir que eu precisava de ajuda. Eu nunca tinha feito isso antes. Sua resposta foi fria: — Sinto muito, Betty, mas todo o meu dinheiro está bloqueado. Não posso ajudá-la agora. — John estava sendo honesto e claro; mas, para meus ouvidos vulneráveis, isso pareceu frio, impessoal. Minha cabeça fez um retrospecto para reavivar as lembranças de nossas brincadeiras de infância feliz e do orgulho e da satisfação que eu sempre senti por tê-lo como irmão. Mas aquela era uma outra coisa. Naquele momento, senti certa crítica por trás de suas palavras. Eu tomara uma má decisão sobre dinheiro com James. Optado pelo divórcio. Teria de viver com as conseqüências. Como tudo parecia diferente, agora que eu estava sozinha!

Se eu tivesse tido a coragem de confessar a John como eu estava verdadeiramente desesperada, a resposta teria sido diferente, sem dúvida nenhuma. Ele sempre me vira como confiante e capaz. Em sua opinião, minha situação poderia ser desconfortável, mas não era caso para desespero. Ele estava certo de que eu podia lidar com ela. Eu estava muito confusa em meu orgulho para falar abertamente com ele. A dura verdade é que eu estava definitivamente sozinha.

Meu marido, meu pai, meu filho, meus irmãos, todos os relacionamentos masculinos significativos de meu passado, relacionamentos que tinham me ajudado a definir quem eu era, que tinham me dado uma sensação de segurança e determinação estavam desmoronando em função de pressões e desafios. Eu nunca tinha passado por isso antes.

Foi uma fase de transição dolorosa. No entanto, também fora uma fase excitante. Houve novas idéias e relacionamentos que me ajudaram a explorar outros lados de mim mesma, para os quais anteriormente eu só olhara de relance. Três pessoas, particularmente, desempenharam papéis importantes durante essa fase de transição. Uma delas, Francis, foi alguém ardente e impulsivo. Tinha paixão por relações francas, honestas e compromisso com a verdade. Por intermédio dele, comecei a descobrir os desafios, os riscos e a beleza de uma relação em clima de completa honestidade. Aprendi o que era partilhar sentimentos, pensamentos, emoções, medos e incertezas. Com ele, não poderia haver falsidades, jogos ou máscaras. Ali estava a possibilidade de um crescimento real. E então, repentinamente, com um pequeno aviso, mudou-se de volta para Pensilvânia.

Peter foi um mentor espiritual e um amigo querido. Ele, mais do que ninguém, remexeu lembranças profundas no nível da alma. Reacendeu o idealismo e o desejo de realização que ficaram latentes por muito tempo. Os sábios conselhos de Peter, seu humor e sua intuição, ajudaram-me em muitos problemas e situações de impasse. Foi o primeiro a me encorajar a dar aulas. Com seu estímulo comecei a falar para grupos sobre sonhos, meditação e transformação pessoal. Quando ele percebeu que eu poderia fazer isso por minha própria conta, empurrou-me para fora do ninho. Quando ele se retirou, meu sentimento de perda era tão grande quanto era forte o laço que tinha estabelecido com ele.

Então apareceu Jason, o imaginativo, o místico amante divertido. Com Jason considerei a possibilidade de um relacionamento duradouro. Com o tempo, no entanto, nossas diferenças se tornaram tão grandes, nossas filosofias tão divergentes, que o sonho chegou ao fim.

Em toda essa cadeia bizarra de reveses e expectativas impróprias, eu estava sendo continuamente impelida de volta para mim, sozinha. Senti-me traída de inúmeras formas. Tinham sido muitas as perdas em muito pouco tempo.

O que é Traição?

Traição é a morte da confiança.

Algumas vezes na vida, a maioria das mulheres sente que foi traída. A traição ocorre quando nos sentimos usadas, abandonadas, rejeitadas ou prejudicadas.

Uma experiência de traição pode ser tão devastadora quanto a perda de uma pessoa amada pela morte. Aí estão a mesma dor e o mesmo pesar. Parece que não há saída para os sentimentos de perda, parece que não há fonte de consolo, fim para a dor.

Nossas traições geralmente vêm de quem mais amamos — um pai que nos deixa, uma mãe que nos subestima, um marido que conclui que não somos mais atraentes, uma amiguinha que vai atrás do nosso homem. Mas não há ferida que não possa ser curada. E nunca há uma ferida, passado o primeiro momento, que não seja imposta por nós mesmas. As feridas são reais. Podem ser produzidas por outras pessoas, mas elas só podem ser cultivadas por nós.

O poder vem do fato de saber que, independentemente do que possa ocorrer comigo, eu posso superá-lo. Posso mudar e transformar a situação. Nada pode interromper-me no processo de me tornar uma pessoa realizada. Ninguém, não importa quanto abusem de mim, pode privar-me de meus direitos ou furtar minha auto-estima. É uma decisão minha o modo como vivo.

Amar é esperar que as pessoas mantenham a palavra.
A sabedoria está em saber que elas não a manterão.
Amor-próprio é amar a si mesma, mesmo quando as pessoas não a amam.

Como Acontecem as Traições

A maior parte das traições é inocente. Raramente, planejamos ferir alguém ou ser ferido por esse alguém. As traições são o resultado de acordos não-ditos ou não-transparentes, e são o resultado de expectativas não-realizadas ou irreais.

Traições inocentes

Quando somos crianças, as traições geralmente vêm de nossos pais ou de outras pessoas autoritárias importantes, o que causa um impacto mais devastador. Freqüentemente, os adultos implicados são inconscientes de que a situação é perturbadora de alguma maneira. A criança em tenra idade sente-se indefesa, incapaz de exprimir sentimentos e começa a esperar que a vida seja cheia de decepções. A ferida fica sepultada, freqüentemente vindo à tona anos depois, disfarçada de algum modo.

Alice, uma cliente, lembra que tinha dor de garganta constantemente quando criança. O médico recomendou uma tonsilectomia. Seus pais lhe garantiram que tirar as amígdalas seria uma verdadeira aventura. Contaram-lhe histórias sobre o comportamento simpático dos médicos e enfermeiras, como eles iriam cuidar dela e iriam lhe dar até mesmo sorvete de baunilha, seu sabor preferido.

Alice se lembra de quando estava indo pela calçada em direção ao hospital, de mãos dadas, firmemente, com seus pais e olhando fixamente para o rosto das duas pessoas em quem ela confiava completamente.

A primeira noite no hospital foi exatamente como ela previra: pediatras e enfermeiras cuidando especialmente dela. Até mesmo o prometido sorvete lhe era dado de mão beijada. A manhã seguinte, no entanto, foi uma experiência pavorosa. Ela acordou da cirurgia com uma dor excruciante. Sua garganta parecia mutilada e em carne viva. Chocada e aterrorizada, tentou pedir ajuda, mas as palavras não saíam. Procurou os pais, mas eles não estavam. Seu pai fora trabalhar, a mãe tinha "escapulido" para comer na lanchonete do hospital. Não havia médicos por perto, e as enfermeiras estavam ocupadas em algum outro lugar. Nenhum consolo ou explicação sobre o que tinha acontecido. Ela se sentiu totalmente sozinha e abandonada. Algo profundo morreu dentro dela naquele dia. Sua garganta ficou completamente curada, mas Alice ainda está sofrendo. Aprender a confiar é ainda um grande problema na sua vida.

A maioria de nós pode se lembrar de pelo menos uma "traição inocente" da infância. Quando eu era pequena, lembro-me de ter ficado fascinada com uma caixa de "payons" (um tipo especial de lápis para pintar) que minha irmã, Joanna, ganhou quando começou a terceira série. As cores e a textura dos lápis eram diferentes de tudo o que eu tinha. Perguntei à minha mãe se ela poderia dar-me uma caixa igual à de Joanna. — Claro — respondeu ela. — Quando você entrar na terceira série também ganhará uma.

Lembrava-me daquela promessa e pensava nela freqüentemente quando fantasiava com os desenhos e pinturas que faria. Quando comecei a terceira série, dois anos depois, disse, excitada, à minha mãe: — Agora posso ganhar meus lápis?

Ela já tinha comprado todo o meu material escolar e não tinha nem idéia da urgência que havia por trás de meu pedido. Sua resposta foi bem trivial: — Você não precisa de mais nada agora.

Eu tinha esperado dois anos, nunca tendo duvidado de sua promessa. Senti-me traída.

Acordos tácitos

As traições podem se dar quando acordos tácitos não são esclarecidos. A crença básica é a de que a outra pessoa deveria, de alguma forma, saber o que estamos esperando. O incidente descrito a seguir é o resultado de uma falta de preocupação em verbalizar um acordo.

Linda é fortemente atraída por Ron e resolve envolver-se sexualmente com ele. Passam a noite juntos. Na manhã seguinte, Linda começa imediatamente a falar sobre o que iriam fazer naquela noite e como passariam o próximo fim de semana juntos. Ron começa a ficar nervoso. Sem rodeios, ele lhe diz que sente muito pelo fato de ela ter alimentado expectativas. A verdade é que ele não é um homem de uma mulher só. Ou pode ser enganador, pedir desculpas e nunca mais aparecer. Outra vez ela se sente traída. Ele não cumpriu o acordo tácito feito com ela.

Acordo não-transparente

Quando fazemos um acordo com um amigo íntimo, um amante, uma criança ou um parceiro, e esses acordos são quebrados, produzem-se as mais profundas feridas.

Somos mais vulneráveis em nossas relações pessoais.

Mesmo tendo feito o que consideramos ser acordos transparentes, podemos ter entendimentos diferentes sobre o significado das palavras.

Em *Annie, Get Your Gun*, uma opereta popular cômica relativamente recente, havia uma cena humorística, mas comovente, que exemplifica esse ponto. O herói, um jovem bonito, recém-chegado do leste, fica apaixonado por Annie, uma mulher sincera, independente, que fazia espetáculos de faroeste. Finalmente ele se enche de coragem e a pede em casamento. Ela aceita alegremente. Assim, como num dueto melodioso, ela, por um lado, interessa-se por vestidos, festas à fantasia e vida na cidade. Ele, por outro lado, interessa-se por cabanas de madeira, roupas feitas em casa e vida no campo. A traição é inevitável.

Expectativas não-realizadas

Quando não nos conhecemos, não conhecemos os nossos parceiros. Não nos relacionamos com pessoas reais, mas com a imagem de como queremos que elas sejam, de como precisamos que elas sejam; e sofremos quando não correspondem. O inevitável se dá quando nossas expectativas não são realizadas. Sempre confie nas pessoas e confie em que sejam quem são!

Harriet é uma mulher divorciada que sente a necessidade de um homem. Ela começa um relacionamento com um aspirante a advogado, e tudo parece ir bem. Logo ele vai morar com ela, que já tinha dois filhos, e o relacionamento continua por dois anos. A expectativa dela é de que ele vá querer o relacionamento de compromisso e o casamento que ela quer. Ed é sete anos mais novo que Harriet. Quando eles falam sobre casamento, ele fica confuso. Depois de quatro anos juntos, Harriet faz quarenta anos. De repente, Ed começa a comentar que ele realmente gostaria de ter filhos e que ela já estava muito velha para isso. Harriet vê tudo isso como uma desculpa e não como um motivo real para romper o relacionamento. Ela sente que ele não quer se casar. O relacionamento termina. Ela se sente traída.

Ed está contente com a compatibilidade. Não há nada em sua história que indique que ele se casaria e constituiria uma família. Todos os seus relacionamentos anteriores terminaram depois de quatro ou cinco anos. Quando o casamento se torna a última exigência, ele se retira. Harriet está apaixonada pela imagem de quem ela quer que ele seja, não por quem ele é.

Como Superar a Traição

Uma das melhores metáforas da traição é o conto de fadas *A menina das mãos de prata*. Há muitas versões desse conto. Contarei uma delas:

> Era uma vez um capitão do mar que perdeu um baú de tesouro durante uma viagem. O diabo, vendo seu infortúnio como uma oportunidade para capturar uma alma, fez um trato com o capitão. Ele lhe restituiria o tesouro se, em troca, o capitão lhe desse a primeira coisa que ele visse quando estivesse em seu caminho de volta para casa. O capitão aceitou de bom grado.
>
> A primeira coisa que ele sempre via quando fazia o caminho familiar perto de sua casa era uma macieira junto ao portão. Aquele iria ser um pequeno preço a pagar pela volta de seu tesouro. O restante da viagem foi de tempo bom e o barco navegou a velas desfraldadas. Com seu tesouro, o capitão logo se esqueceu da promessa.
>
> Em seu retorno, quando percorria o caminho usual para casa, sua linda filha — a "menina de seus olhos"— correu até ele de braços abertos.

Sua filha, não a árvore, foi a primeira coisa que ele viu. Por sua cobiça ou visão limitada, ele tinha inadvertidamente traído a filha.

O capitão, com lágrimas nos olhos e o coração sangrando lembrou de seu pagamento ao diabo. Mas era muito tarde para mudar o acordo. Naquela noite, a filha descobriu o segredo do seu pai. Ela estava aterrorizada! Seu horror transformou-se em resignação e, depois, em ira. Para contrariar o diabo e castigar o pai pela sua promessa absurda, ela cortou as mãos e as mandou numa caixa ao diabo.

Ela saiu de casa, fugindo do pai e de tudo o que ele representava. Anjos a guiaram a um lindo jardim, onde ela poderia viver em segurança. Sem mãos, porém, ela não tinha como alimentar-se. Os anjos lhe sussurraram que ela deveria ficar na ponta dos dedos dos pés e comer as bagas e frutas que pendiam pesadas acima de sua cabeça.

Ela viveu em seu jardim sem ser perturbada, até que um dia um rei descobriu o jardim e se apaixonou por ela. Vendo que ela não tinha mãos, ele ordenou a seu prateiro que fizesse mãos de prata para ela. Ela ficou grávida. Antes que pudesse contar-lhe a novidade, ele partiu inesperadamente para lutar num outro país.

Enquanto isso o diabo estava irado por ter sido trapaceado em sua recompensa. Com o rei fora dali, o diabo fez aliança com a Rainha Mãe. Ele espalhou falsos rumores a respeito da garota das mãos de prata, numa tentativa de voltar todo o reino contra ela. Ela foi forçada a fugir novamente e entrou cada vez mais na imensidão. Ela deu à luz uma criança, a quem chamou de Sofrimento.

Acordando com sede, ela descobriu um poço abandonado, uma fonte de alimento espiritual e de vida. Uma voz misteriosa e potente, que vinha de dentro do poço, disse-lhe que colocasse as mãos na água.

— Eu não tenho mãos — protestou.

Mais uma vez, a voz incitou: — Ponha as mãos na água.

Dessa vez ela pôs. Aconteceu uma mágica. Ela sentiu um grande alívio de seu sofrimento e dor. Quando retirou as mãos da água, descobriu que elas estavam inteiras e eram verdadeiras de novo.

Simbolicamente, as mãos representam o seu poder. Quando ela corta as mãos, decepa seu próprio poder e o entrega à força obscura, à parte oculta ou inconsciente do seu ser. Consciente e inconscientemente, muitas mulheres aniquilam seu próprio poder depois de uma traição.

Mesmo quando nos desfazemos de nosso poder, em nossas mágoas mais profundas há um modo de nos fortalecer e alimentar. Temos de ouvir nosso guia. Nos contos de fadas, nos mitos e no folclore, o guia vem por intermédio dos anjos ou animais ou da própria natureza. Eles dão respostas e mostram a saída para situações impossíveis. Metaforicamente, representam o mais alto aspecto do "eu".

A mulher que deliberadamente corta as mãos em resposta ao ato não-intencional e sim irrefletido do pai, retoma sua força ao seguir a voz que vem de um lugar profundo, acolhedor, mas abandonado. Ao mergulhar suas feridas numa verdadeira fonte de vida, as profundezas de seu espírito, tudo o que havia sido perdido é restituído a ela.

Essa história ensina às mulheres que não importa quão terrível tenha sido a experiência, não importa a intensidade do trauma e da tristeza, nem o caráter da dor, pois há um momento em que isso tem de acabar. O fim vem quando nós, como a menina das mãos de prata, estamos dispostas a pôr as mãos na água. "Pôr as mãos na água" é uma outra forma de dizer que precisamos entrar em contato com nossos sentimentos profundos e passar por entre eles. Precisamos aceitar o sofrimento, liberar a raiva, derramar as lágrimas e aí então reivindicar nosso poder. E precisamos fazer isso sozinhas. Embora possamos ser ajudadas ao longo do caminho, em última análise ninguém pode fazer isso por nós.

Paramos de sofrer e reivindicamos vida quando começamos a confiar naquela voz interior que fala de dentro de nossas próprias profundezas. Ela nos reinveste de poder e nos impele a viver nossa vida.

O ano em que vivi tantas traições foi um ano de pura tragédia. Meus sentimentos de auto-estima estavam em baixa. Eu criara um drama, cena por cena, em que eu atraía cada homem significativo em minha vida para me repudiar, para me descartar da vida deles de uma maneira ou de outra.

Num outro nível, o drama serviu para um objetivo muito maior. Em toda a minha vida, tive homens para me apoiar, para cuidar de mim, para me reconhecer e para me incentivar. Por isso, a maior parte de minha força interior estava adormecida. Através das séries surpreendentes de eventos, eu estava invocando alguns desafios poderosos — "tarefas míticas". Sem um homem poderoso para oferecer segurança ou sabedoria, fui obrigada a "pôr as mãos na água". Fazendo assim, a vida estava pedindo que eu tivesse a coragem de confiar em minha própria verdade.

Criamos o mundo em que vivemos ao informar às pessoas, bem especificamente, a respeito de como elas devem nos tratar. Se temos baixa auto-estima, por exemplo, vamos exteriorizar essa informação, e as pessoas vão responder, no momento certo, vão corresponder aos papéis que escolhemos para elas. Traição gera traição. Uma vez traídas, damos continuidade ao padrão. Quando nos modificarmos, automaticamente mudaremos a forma como permitimos que os outros nos tratem.

Quando pude me amar novamente, reescrevi o roteiro. Meus relacionamentos começaram a se modificar. Em vez do melodrama trágico, comecei a criar uma aventura com romance, humor, alegria e satisfação pessoal.

É difícil esquecer de uma traição. É mais difícil ainda não fazê-lo.

PARTILHANDO O OURO DA MINHA TRAIÇÃO

Uma das coisas mais humilhantes no ato de escrever este livro foi aprender que "eu" não o estava escrevendo. No início, era como se o livro tivesse vida própria, e aquela Força Superior, uma consciência diferente da minha, estava na direção. Durante todo o processo da escrita, dar-se-iam acontecimentos e situações sincrônicos, como se fossem no momento certo. Os acontecimentos oportunos se apresentariam de tal forma, que me forçariam a lidar com o verdadeiro tema sobre o qual eu estava escrevendo. A experiência foi essencialmente individual e de desafio. Era como se alguma coisa me dissesse: "Você não está escrevendo sobre teorias nem apenas sobre as experiências de outras pessoas — toda lição é sua!"

Quando da organização do capítulo sobre traição, eu estava encerrada num pequeno quarto ao pé das montanhas Blue Ridge, na Virgínia. Durante todo aquele tempo sozinha, fui capaz de enfrentar as mágoas que eu carregara comigo ao longo de muitos anos, mas que tão convenientemente abafara. São sagrados os períodos em que somos capazes de ter contato com nós mesmas num nível profundo. Eles não podem ser forçados. No tempo certo, as lembranças, os sentimentos e as boas idéias passam para a esfera do consciente de forma bastante natural.

Durante esses três dias sozinha, verti muitas lágrimas. Era como se eu tivesse começado a desemaranhar um cordão infinito com nós, uns ligados aos outros, cada um com sentimentos não-exprimidos e problemas não-resolvidos. "Puxei-os" um a um; os sentimentos estavam tão interligados que era difícil saber onde começava um e onde terminava o outro. Quando os sentimentos de perda ficavam insuportáveis, tomava banhos quentes, que chegaram a quatro numa mesma manhã. O calor da água era uma fonte de tranqüilidade e bem-estar. Havia a sensação de estar presa ao útero da Grande Mãe.

Uma coisa estava clara. Estava-me levantando para acabar com a dor de minhas traições. A ferida mais profunda era a de James, meu irmão. Tinha vivido com a dor durante três anos, apoiando-me na convicção de que eu estava "certa" em relação ao modo como ele tinha me "enganado".

Na terceira noite, fui despertada abruptamente com uma mensagem em minha mente: "Ninguém mais pode traí-la, a não ser você mesma." Era como se essa percepção tivesse sido gerada profundamente dentro de meu inconsciente por algum tempo e agora tivesse chegado a sua hora. A verdade é que por trás daquilo não havia nenhum conceito intelectual ou filosófico. Era uma experiência profunda, penetrante, intransigente de puro conhecimento. A única traição real ocorre quando traímos a nós mesmos ao deixar que alguém ou alguma situação nos separe de nossa natureza real, que é Amor!

Ao ficar, com razão, indignada, e ao racionalizar minha postura, eu me havia isolado de James. Eu precisava parar de ver o que James tinha feito para mim e começar a ver o que eu estava fazendo comigo. Em vez de ficar presa na mágoa e na dor do passado, comecei a investigar as convicções, a programação, o condicionamento e os padrões do passado que estavam atuando num nível inconsciente e tinham atraído essa experiência.

Quando James se aproximou de mim para pedir dinheiro emprestado, eu quis manter "tudo bem". Evitei tomar uma posição firme. Evitei a conversa direta e não insisti na clareza. Como resultado, nossos acordos não ficaram claros. Eu entrara numa confusão emocional, esperando, inocentemente, que tudo acabasse bem; mas, por trás da aparência da Passiva Agradável se escondia um terror latente de me tornar responsável por mim mesma. Meu medo não verbalizado era de que eu não pudesse lidar sozinha com minha situação. Eu iria sacrificar alguma coisa, incluindo eu mesma e meu dinheiro, para manter o amor dos outros por mim.

Perceber é uma coisa, agir é outra. Para me apoderar da verdade, eu precisava fazer algo palpável. Naquela manhã, escrevi uma carta a James. Eu reconhecia a minha parte na nossa história de três anos. Eu disse a verdade: estava magoada. Eu o amava, e nossa separação era dolorosa. Esconder o amor sempre é doloroso. Eu queria deixar para trás todo o incidente e não responsabilizá-lo mais pelo passado.

Havia muitos anos eu não encontrava James. A última vez fora no Dia de Ação de Graças. Tínhamo-nos sentado embaraçosamente em mesas separadas, e trocáramos somente alguns cumprimentos educados. Dessa vez em que vi James, foi em outra reunião familiar. Seus olhos brilharam, ele deu um sorriso forçado e abraçou-me calorosamente. Esse encontro foi o melhor de todos. O passado ficara para trás. Nós poderíamos ser amorosos novamente. Eu voltara ao meu "eu" verdadeiro.

Uma amiga partilhou comigo uma catarse que ela vivera no Muro das Lamentações, em Jerusalém. Ao longo do tempo, muitos devotos se dirigiram a esse muro para fazer orações. Estas são escritas em pequenos pedaços de papel e colocadas cerimoniosamente nas fendas do muro. A oração de Rachel era para se livrar do seu pesar. Enquanto depositava sua súplica entre dois tijolos antigos, de repente ela foi dominada pela emoção e gritou: "Não quero mais me lamentar." As lágrimas começaram a lhe escorrer pelo rosto. Haviam sido levantados o fardo e a dor de quarenta anos, por ter culpado o ser amado pelas suas decepções e desespero.

Como Rachel, muitas mulheres são seduzidas pela melancolia a um só tempo doce e amarga de fazer o papel da "mulher errada".

A tristeza é sedutora. Quanto mais forte o sofrimento, maior a cilada. Como a menina das Mãos de Prata, ou Rachel, no Muro das Lamentações, temos de enfrentar nosso sofrimento. Uma vez que reconhecemos o papel que desempenhamos na experiência e o que aprendemos com ela, emergimos como mulheres mais sábias.

O menino sonhador

Helen tinha se sentido traída por homens várias vezes. O primeiro passo para ela foi reconhecer que todos os homens que escolheu eram exatamente como seu pai.

Seu pai era o conhecido Peter Pan, um menino que nunca cresce. Era um "menino sonhador", para usar um termo atual. Ele nunca estava presente quando ela precisava dele. Inconstante e irresponsável, esse tipo de homem tem necessidade constante de referência materna. É inacessível em sua própria masculinidade e incapaz de ter relacionamentos sérios e de longa duração. Esses atributos descreviam todos os relacionamentos que ela já tivera com homens.

Quando Helen reconheceu o padrão, pôde perdoar o pai por não ter sido o que ela queria de um pai. Ela deixou de lado suas expectativas de querer que ele fosse diferente do que era. Pôde aceitá-lo como era. A mudança mais importante era que agora sua atenção estava voltada para sua própria vida e para a criação de uma relação saudável entre homem e mulher, em vez de estar voltada para as limitações de seu pai.

A princesinha do papai

Sarah contou, chorando, que, quando criança, sempre havia sido a princesinha do papai. Quando cresceu, o pai pareceu voltar-se contra ela, repentinamente. Em vez do elogio caloroso e da atenção com que estava acostumada, foi acusada de ser sexualmente promíscua, mesmo antes de saber o significado desse termo! Ela não conseguia entender a mudança no coração do pai. Ela se sentiu ultrajada e traída por ele, por tê-la chamado daquele jeito e pelas insinuações.

Ao recontar sua história, Sarah percebeu que seu pai tinha se sentido atraído sexualmente por ela na adolescência. Seus impulsos sexuais em relação à filha adolescente tinham-no deixado confuso. Ele reprimiu esses sentimentos inaceitáveis e projetou sua culpa nela.

Sarah começou a entender que a confusão emocional do pai nada tinha que ver com seu valor como mulher. Uma vez esclarecida sua própria confusão, ela pôde perdoar seu pai de suas fraquezas e recuperar sua própria auto-estima.

Pai de coração frio

Annika, uma jovem holandesa, queria enfrentar seu profundo ressentimento em relação ao pai. Ela o descreveu como um intelectual que passava a maior parte do tempo estudando. Era uma pessoa aparentemente desprovida de amor ou alegria. Não dava apoio afetivo nem emocional.

Annika ficou chocada quando percebeu que desenvolvera um padrão semelhante ao dele. Ao culpar seu pai por sua privação emocional, ela suprimia seu próprio poder de criar a alegria e o amor de que precisava para si mesma.

Se o nosso ser amado não nos dá ou não consegue nos dar aquilo de que precisamos, então, temos de nos dar isso. Não adianta culpar as pessoas por serem quem são. O pai de Annika lhe deu todo o amor que ele foi capaz de dar. Era tudo o que ele sabia. O fato de não ser suficiente para as necessidades dela não vem ao caso. O que importa é que Annika se dá conta de quanta dor ela alimentou ao querer que seu pai fosse diferente.

Exercícios Experimentais para Superar Traições

Exercício 1: Uma carta para mim mesma

(Para ser feito sozinha)

No âmago verdadeiro de cada uma de nós, há uma fonte de vida, um "eu" interior que sabe exatamente aquilo de que necessitamos a qualquer momento. A coisa mais importante que podemos fazer é acessar esse nosso âmago espiritual.

O exercício a seguir destina-se a ajudá-la a se comunicar com o seu "eu" interior. Este pode ser um exercício verdadeiramente útil para curar a dor profunda da traição.

É melhor reservar uma noite inteira para esse exercício. Elimine tudo o que pode distraí-la exteriormente. Faça de seu espaço um lugar privado e sagrado.

Tudo aquilo de que você precisa é uma caneta e um papel. Você vai escrever uma carta para o seu "eu" interior. Comece a carta com "caro eu interior" ou "caro professor", ou use qualquer nome que, para você, evoque verdade, amor, empatia, compaixão, sabedoria ou compreensão (espírito, alma, Cristo, mestre etc.). Admita que seu professor interior a ama mais do que você se ama e que ele não tem necessidade de julgá-la ou criticá-la pelo que fez, não importa o que seja. Você é livre para expressar todo e qualquer sentimento.

Gaste o tempo que for necessário para estabelecer contato com a experiência que acarreta mais dor para você. Talvez você precise ver fotografias antigas para evocar sentimentos e lembranças, ou tenha de tocar uma música especial que a leve à experiência.

Quando sentir que está pronta, comece a escrever livre e honestamente sobre todos os seus sentimentos relacionados com essa experiência. Tudo o que não foi dito, diga-o agora. Gaste o tempo necessário para resgatar todas as emoções, sentimentos e convicções. Saiba que seu "eu" interior sabe, aceita e entende.

Quando tiver terminado sua carta, pergunte a si mesma se está pronta para superar a dor. Se estiver, certifique-se de que essa experiência não terá mais poder sobre você, e afirme que você está livre de seu impacto ou capacidade de influenciar sua vida.

Agora, procure o ouro naquela traição. O que você pode ganhar com ela? Siga os passos delineados no final deste capítulo.

Primeiro, identifique o que aprendeu com a traição. Escrever num diário ajuda a elucidar a experiência.

O próximo passo é reivindicar o seu ouro vigorosamente!

Então, decida que passos você precisa dar para agir.

Exercício 2: Partilhando e ouvindo

(Para ser feito com uma parceira)

Neste exercício, duas amigas concordam em se apoiar para superar a traição. Procure fazê-lo num momento em que não seja obrigada a ficar interrompendo essa partilha especial. Sentem-se uma de frente para a outra (com as pernas cruzadas, no chão, é o mais indicado) com uma vela acesa ao seu lado.

A parceira A começa falando livremente sobre uma ocasião em que se sentiu traída. Talvez ela precise falar rapidamente sobre vários incidentes, até que descubra o que lhe causou maior impacto. O papel da parceira B é ser a pessoa que dá o apoio amoroso. É deixar que sua parceira se sinta suficientemente segura para partilhar livremente seu "eu" interior; a parceira B só ouve. Não é hora de dar conselhos ou opiniões. Se você for a parceira B e sua parceira sentir dificuldade, você pode direcionar uma pergunta para ajudá-la a esclarecer sua questão. Por exemplo: "Como você se sentiu quando aconteceu isso?" ou "Como foi a experiência para você, quando ele disse...?"

O passo seguinte, depois que a parceira A tiver terminado sua história, é rejeitar aquela experiência, dizendo que ela não tem mais poder sobre a vida dela.

Então, cave o ouro. Aquela que fala identifica e afirma o que ela ganhou com a traição. Novamente, a parceira B está lá para ouvir e para apoiar sua parceira. Você pode ajudar, direcionando perguntas: "Que convicções você quer mudar ou abandonar? Qual o valor disso para você? Até que ponto a experiência a fez mais forte, mais sensível etc.?"

Quando a parceira A terminar, trocam-se os papéis. Todo o processo começa novamente.

Quando as duas parceiras tiverem terminado o processo, elas pegam a vela em suas mãos (simbolizando a Luz da Verdade) e, segurando-a juntas, colocam a luz acima da cabeça e continuam olhando uma para a outra. As parceiras se revezam, perdoando as pessoas em suas experiências de traição. Cada uma enuncia corajosamente o ouro recebido com a traição e afirma sua responsabilidade de criar sua própria alegria!

Quando a luz partilhada da compreensão está no alto, o momento é de muita energia!

Amar é esperar que as pessoas mantenham a palavra.
A sabedoria está em saber que algumas vezes elas não a manterão.
O amor-próprio é saber que você pode lidar com o fato de elas não manterem seus acordos.

Diretrizes para Superar a Traição

1. Reconheça seus sentimentos

Expresse seus sentimentos e emoções com um parceiro atencioso, receptivo. De nada adiantará se você não se sentir realmente ouvida. Se não houver um parceiro receptivo disponível, tome nota de seus sentimentos num diário.

2. Mude de perspectiva

Compreenda os outros envolvidos na situação. O que eles estavam pensando e sentindo? Quais eram os seus medos, expectativas, suposições? Como eles viveram a situação? Liberte-se e perdoe! Quais foram as expectativas não satisfeitas? Que acordos não ficaram claros?

Seus próprios sistemas de crença ajudaram a criar essa situação. A outra pessoa foi só um agente representando sua própria realidade. Quais são as crenças que não servem mais?

3. Reivindique o ouro

O significado está em você poder entender sua experiência de traição, não pela dor que ela produz, mas pela oportunidade de resgate e crescimento que ela proporciona. Não desperdice uma boa traição! Tire o "ouro" dela.

A seguir, você verá, de alguma forma, o ouro que pode ter ganho com a experiência de traição.

Você está mais forte, mais piedosa, esclarecida sobre o que quer ou não em sua vida?

Pergunte o que você quer.

No futuro, fale clara e prontamente quando não concordar.

Pare de concordar só para conseguir a aprovação dos outros.

Lance mão de seu poder, em vez de jogá-lo fora.

Crie relacionamentos receptivos em sua vida.

Perceba quem ele é realmente e não quem você quer que ele seja.

Procure ter metas espirituais mais claras na sua vida, e não torne os outros responsáveis pela sua espiritualidade.

Pare de desejar relacionamentos inacessíveis.

Pare de ser a *outra* — identifique-se e concentre-se no *eu*.

4. Siga em frente

Tome medidas positivas para pôr em prática o seu novo conhecimento. A mudança real requer uma nova reação a um velho padrão. Talvez você precise telefonar, escrever ou estar com a pessoa ou as pessoas por quem você se sentiu traída para completar o processo. Prosseguir também inclui ter certeza de que você tem o apoio de que necessita para mudar definitivamente. (Grupos de apoio de vários tipos são excelentes para isso.)

A visualização é um instrumento eficaz para resgatar relacionamentos e mudar padrões negativos. Todos os dias, relaxe por alguns minutos, feche os olhos e se concentre na pessoa por quem foi traída, vendo-a de uma forma positiva (feliz, sorrindo, gargalhando, cantando, confiante). Agora, veja-se em paz com aquela pessoa.

Veja-se como você quer ser.

Você pode precisar repetir esse exercício muitas vezes até conseguir resultados. Mas funciona. Continue praticando! Continue enquanto for necessário.

* * * *

Você sabe que superou a traição quando o que aprendeu com a experiência equivale ou excede a quantidade de dor que você investiu nela.

A capacidade de transformar as
experiências da vida não é nova. Faz parte
da antiga tradição de sabedoria
que pertence a muitas culturas. A tradição do índio
americano, particularmente, mostra um respeito
e compreensão peculiares do poder
feminino encontrado na natureza.
Como mulheres, podemos aprender a extrair
o poder de transformação dos
elementos fogo, ar, terra e água.

Praticando a Magia

A Cerimônia da Cabana de Suor e o Poder das Quatro Direções

Há alguns anos, em Virginia Beach, fui convidada a participar de uma Cerimônia da Cabana de Suor do Índio Americano. Eu não tinha nenhuma idéia do que era uma "cabana de suor", a não ser que era uma cerimônia tradicional de purificação do índio americano. Eu tinha um grande respeito pela reverência dos índios americanos pela natureza, e estava curiosa sobre suas tradições espirituais: resolvi fazer essa experiência.

A cerimônia começou com um grupo de homens e mulheres sentando-se em torno de uma fogueira exuberante. O pajé ficou em pé, no centro, perto do fogo, e começou a cerimônia tragando profundamente em seu cachimbo de cabo longo e fazendo uma oferenda de fumaça para cada um dos "antepassados", os espíritos guardiães dos quatro pontos cardeais. Depois, o grupo entrou na cabana de suor, engatinhando, pela pequena abertura em frente ao fogo. A cabana tinha uma cúpula baixa, construída com arcos de árvore nova, coberta com plástico preto e isolada por mantas e sacos de dormir para manter o calor. Dentro, a cabana era toda escura, com espaço somente para agachar.

— Este é o útero da Mãe Terra — disse o pajé — onde entramos para renascer.

Havia certo riso nervoso enquanto entrávamos, nos esbarrávamos, nos esquivávamos e nos contorcíamos na escuridão, agachados com os cotovelos nos ombros dos outros, até que todos estivessem no lugar. O pajé foi o último a entrar e, por meio de sinais, chamou a primeira pedra a ser apresentada.

Sete pedras em brasa foram tiradas da fogueira e colocadas num buraco no centro da cabana. A porta da cabana estava abaixada, condição que nos mergulharia na mais completa escuridão, não fosse o brilho intenso das pedras.

O forte odor acre de salva e cedro invadiu a cabana quando o pajé jogou as ervas sagradas nas pedras; a seguir, houve estalos e crepitação quando ele começou a jogar água às colheradas sobre as pedras. Meus olhos começaram a lacrimejar por causa da fumaça, e minha pele ficou seca com o aumento repentino na temperatura por causa do vapor.

Ninguém falava, e o pajé começou a fazer orações para os antepassados, invocando a presença deles na cabana. Minhas reações eram mescladas. "Realmente, tenho de suar e cozinhar neste calor para me tornar espiritual?", pensava. Eu estava em dúvida e resistente; e estava curiosa, em vez de esperançosa.

"Estas pessoas acreditam realmente nisto?", eu me perguntava, sentindo-me ridícula. "Ou só estão blefando?" Virginia Beach é um solo fértil para todas as coisas novas!

Quando os outros começaram a rezar, alguns chamaram pelos antepassados, usando as imagens dos índios americanos, o que me pareceu estranho e artificial. Outros rezaram em linguagem mais tradicional, chamando por Deus, por Jesus ou pelo Espírito Santo. Algumas das orações pareciam intermináveis. Quando aumentou o calor, aumentaram também o meu mal-estar e o meu cinismo.

"Onde fui me meter! Por quanto tempo ainda vai continuar isto! Definitivamente, eu não sou índia!", pensava. Finalmente, o pajé ordenou que se abrisse a porta da cabana, indicando que a primeira etapa havia acabado e pedindo para que trouxessem mais pedras.

— Deus me livre! As pedras deveriam esfriar! — alguém murmurou perto de mim. A porta foi abaixada, e o calor e o som do vapor crepitante encheram o espaço escuro e lotado.

— Se você acha que está muito quente aqui — disse o pajé — olhe para essa crença — e supere-a. Se acha que está muito lotado aqui, olhe para essa limitação e supere-a. Olhe para todas as suas crenças e deixe-as ir. Torne-se um ser único com o poder nas pedras. Chame pelos antepassados!

Meu corpo estava pingando de suor. O calor e o desconforto estavam começando a abalar a estrutura do meu ego. Meus desejos e minhas defesas estavam sendo enfraquecidos, desmantelados pela intensidade da cerimônia.

— Olhe para a sua mente. Veja como ela funciona. Seu ego cria limitações. Deixe-as morrer. Seja forte como a terra. Sinta o fogo; deixe que ele a liberte.

A sessão foi suspensa. Eu não tinha nem idéia de quanto tempo tinha estado na cabana do suor. Meu ceticismo começou a derreter no calor. Eu estava me aprofundando na experiência, em mim mesma, em lembranças esquecidas e num completo espectro de sensações, sentimentos e emoções. Era desconfortável. Ao mesmo tempo, era poderoso. Eu já não estava mais preocupada com as minhas reações ou com as pessoas a minha volta. Havia suspiros e gemidos baixos, e alguém estava chorando.

Os sons se misturaram ao fundo. O calor não era mais um obstáculo. Desisti de resistir e comecei a fundir-me na experiência. O pajé balançou seu chocalho e começou a cantar.

As pedras brilhavam indistintamente no centro da cabana. Minha atenção estava voltada para elas, no centro do círculo. Era um local de poder, de inteireza, onde terra, fogo, água e ar tinham-se transformado numa energia poderosa, que estava me movendo para a luz, para um novo lugar de visão dentro de mim mesma. Não havia sensação de separação. A separação vem da resistência, e sem resistência há somente unidade.

Finalmente, a porta da cabana se abriu pela última vez, deixando entrar um pouco do ar frio da noite. Eu nunca havia sentido uma brisa suave de forma tão viva e profunda. Com dificuldade, saí da cabana e fui envolvida pelo ar da noite. Meu corpo deleitou-se na sua presença. Deliciei-me silenciosamente com aquele momento tão sagrado. Caminhei até um pinheiro e deitei-me no chão, olhando, através de seus ramos, a lua cheia que pendia na escuridão fechada. A terra sob mim tirava as toxinas de meu corpo. A Mãe Terra estava disposta a absorver tudo. O grande poder silencioso da Grande Mãe segurou-me em seu colo, protegendo e acalentando a sua criança.

As palavras do pajé eram verdadeiras: na cabana, voltamos para o útero da Mãe Terra para renascer para todas as partes de nós mesmos.

Para a terra que é a nossa força
Para a água que é a nossa vida
Para o ar que não tem forma e é livre
Para o fogo que purifica e consome.

Invocação ao Poder dos Quatro Elementos

Nas culturas antigas, uma das características do verdadeiro mago era a capacidade de controlar os elementos. O mago/sacerdote ou a sacerdotisa não era simplesmente um ilusionista ou um trapaceiro, mas um mestre de energias sutis e de força de vida que controlava as situações, as circunstâncias ou os acontecimentos externos.

Nas seções a seguir, vamos explorar as formas de manter contato com outras dimensões de nosso "eu" interior que são sentidas ou percebidas, mas não facilmente articuladas. As qualidades que invocaremos são simbolizadas pelos quatro elementos — Terra, Água, Ar e Fogo. Cada elemento representa um poder diferenciado ou energia arquetípica válidos para nós. Podem ser invocados para auxiliar-nos a despertar, ativar e expressar qualidades ou dimensões de nosso ser que têm estado latentes ou apenas parcialmente conscientes.

Num capítulo anterior aprendemos a "possuir" a Bruxa e a chamá-la por um nome, com o intuito de rejeitar o seu falso poder. Quando rejeitamos uma energia negativa, temos de substituí-la por algo positivo; caso contrário, a Bruxa voltará.

É quando começa a nossa magia. Conseguimos escolher entre terra, ar, fogo ou água. Ao aprender os nomes e a essência desses elementos, podemos despertar o verdadeiro poder dentro de nós.

Elemento Terra

A energia dentro de nós, que é

PRÁTICA, CONCENTRADA, RACIONAL, FUNDADA, LINEAR, RACIONAL, LÓGICA, CLARA, DETALHADA.

"Dai-nos forças, Senhor, para aceitar com serenidade tudo o que não possa ser mudado. Dai-nos coragem para mudar o que pode e deve ser mudado. E dai-nos sabedoria para distinguir uma coisa da outra."

Nessa famosa oração, atribuída ao Almirante Hart, ecoa o espírito do elemento terra. Não é uma oração de resignação, mas uma invocação por clareza. O elemento terra nos dá a capacidade de ver por intermédio das aparências, máscaras e papéis o âmago ou a essência das coisas.

O espírito da terra reside no antepassado do Oeste. Aquele antepassado dá aos seus descendentes a força de dar expressão ou forma à sua natureza e objetivos espirituais verdadeiros. Nas tradições esotéricas judeu-cristãs, o espírito do elemento terra é representado pelo arcanjo Uriel.

Uma lenda persa

O espírito da terra é belamente retratado nesta lenda persa singela.

Era uma vez um lavrador muito pobre. Um dia, o pai dele morreu e lhe deixou belos cavalos, garanhões e éguas.

Quando sua esposa foi à aldeia espalhar a notícia sobre a sua fortuna, as pessoas lhe disseram: — Oh, que sorte a sua, agora que seu marido tem tantos garanhões.

— Não sei se é sorte ou não, disse ela. — O que eu sei é que agora meu marido é dono de belos cavalos, garanhões e éguas.

Nessa noite, os cavalos arrebentaram o pequeno curral do lavrador e fugiram para as colinas, para junto de uma tropa de cavalos selvagens.

— Oh, que azar! — disseram as pessoas da aldeia na manhã seguinte, ao se aglomerarem em torno do curral vazio. — Exatamente como temíamos, vieram os ladrões e roubaram seus lindos cavalos.

— Não sei se é sorte ou azar. O que sei é que os cavalos foram embora.

Dias depois, a mulher viu que os cavalos tinham voltado para o curral. Eles não só tinham voltado, mas a tropa tinha aumentado. Muitos cavalos selvagens os haviam seguido até lá. Quando as pessoas da aldeia ouviram as notícias, foram à fazenda para cumprimentar o lavrador e sua esposa pela sua sorte.

— Oh, que sorte, a de vocês — disseram. — Vocês agora têm mais cavalos do que antes.

E a mulher respondeu: — Não sei se é sorte ou não. O que eu sei é que agora temos mais cavalos.

Quando chegou o tempo de domar os cavalos, o filho do lavrador, um jovem corajoso e audacioso, escolheu para si o mais magnífico e forte dos garanhões selvagens. Quando tentou domá-lo, o garanhão atirou-o ao chão e esmagou-lhe a perna. Foi tão gravemente ferido que ficou coxo para sempre.

— Oh, amaldiçoem o azar — disseram as pessoas.

— Meu filho está coxo. Mas quem pode dizer se é azar ou não? — respondeu a mulher enquanto seguia seu caminho.

Pouco tempo depois, o califa declarou guerra a um reino vizinho. Todos os jovens do país foram alistados para o serviço militar, todos os varões, exceto o filho coxo do lavrador.

Quando todos os filhos e maridos foram lutar, as mulheres da cidade louvaram a sorte daquela mulher.

— Você realmente é afortunada — disseram. — Seu filho não tem de ir para a guerra.

E ela replicou: — O que eu sei é que meu filho não tem de ir para a guerra.

Nessa história, a mulher do lavrador vê as coisas como elas são — sem as interpretar nem embelezar, sem fantasiar a respeito de futuros medos. Ela aceita o que acontece em meio às circunstâncias mutantes e às opiniões vacilantes dos outros. Ela continua firme em suas opiniões. Ela é sólida e firme como a terra sobre a qual caminha.

Como a mulher do lavrador, nós podemos invocar o elemento terra sempre que precisarmos ser firmes e estáveis.

Quando falta o elemento terra, não lidamos direta, aberta ou honestamente com os problemas. Por exemplo, já lhe aconteceu alguma vez entrar numa sala e um amigo ou conhecido não falar com você? Que suposições você fez a respeito dessa pessoa?

Nossa mente travessa (nossa voz interior) é acionada facilmente e pode rodopiar em milhares de diferentes direções, com várias interpretações do que pensamos que isso significa.

Aquela pessoa está zangada comigo?

Ela está me evitando?

O que eu fiz de errado?

Ela parece contrariada.

A verdade é que você entrou na sala e alguém não falou com você. Talvez a razão de ela não a ter percebido é que ela estava desligada. Pode ser simplesmente isso.

Com os pés firmes no chão

As mulheres freqüentemente se sentem atraídas por muitas direções. Num período de nossa vida, nossa maior prioridade pode ser cuidar de um bebê. Num outro, o importante talvez seja dedicar-nos a uma profissão, atingir um estágio mais avançado ou manter em ordem a saúde. O que é mais válido? O que é mais importante? Em nossa sociedade dirigida para o êxito na profissão e orientada para resultados, é fácil acreditar que somos o que fazemos em vez de sermos o que somos. O fazer vem como uma extensão natural de ser, e nossas prioridades mudam à medida que mudamos interiormente.

Na mitologia grega, Psique consagra-se à questão das prioridades. Num ponto crítico do mito, Psique é presenteada com quatro tarefas realmente difíceis. Uma delas é classificar e separar uma enorme pilha de sementes. Ela fica acabrunhada por causa da tarefa e cai em desespero. Aparece um exército de formigas que faz a classificação para ela.

Uma das tarefas de toda mulher é estabelecer prioridades. A mulher precisa aprender a classificar as muitas reivindicações feitas, de acordo com seu tempo e energia, e determinar o que é importante para ela. As formigas que salvaram Psique de seu dilema insolúvel representam a parte de nós que é ordenada e estruturada. Precisamos invocá-la e pedir-lhe que nos ajude a tornar claras, de tal forma que possamos resistir às exigências dos outros. Se conseguirmos acalmar-nos o suficiente para aplacar o "eu" desesperado, aquela nossa parte ordenada se apresentará para fazer a "classificação e o exame minucioso".

As qualidades de que precisamos são manter-nos concentradas, manter as prioridades exatas e ser práticas e firmes. Ao invocar o espírito da terra dentro de nós, podemos reivindicar o poder de manter nossos pés no chão e nossa mente clara.

Uma história da terra: está tudo bem

Grace era uma mulher de 50 anos, meticulosa, cuidadosa e obsessiva por sua rabugice. Com Grace, nunca havia um fio de cabelo fora de lugar. Tudo estava perfeito, não fosse o fato de um terço de seu estômago ter sido removido e, assim, de ela ser uma pessoa de pouca energia. Seu relacionamento com o marido estava tenso, e ela sentia muita dificuldade em se adaptar à quimioterapia.

Grace era uma paciente com câncer. Estava se recuperando da cirurgia quando veio se consultar comigo. Nas duas primeiras sessões, não houve um progresso real. A resposta dela era, invariavelmente: — Está tudo bem. — Na terceira sessão, tive um lampejo intuitivo inconfundível. De repente, tive a projeção de uma mulher e de um nome.

— Grace, quem é Eve? — perguntei, confusa com a imagem.

Grace estremeceu como se tivesse sido golpeada. Seus olhos encheram-se de lágrimas. Ela começou a contar uma história, no início constrangida, de um penoso segredo. Eve tinha sido a "outra mulher".

— Eu sei a respeito dela há anos — confessou Grace. — Ela trabalhava na empresa de meu marido. Quando eu soube, me recusei a acreditar que ele estava tendo um caso. Mas eu não podia ignorar isso — os fins de semana fora da cidade, os telefonemas mudos, os olhares entre eles. Nunca consegui falar nada para ele sobre isso.

Grace tinha mantido dentro de si um ressentimento cruel, amargo. Ela literalmente não conseguiu "engolir" a traição. Sua raiva e mágoa a corroíam continuamente. Em todos aqueles anos, era a primeira vez que ela reconhecia abertamente a sua dor. Não estava tudo bem. E isso vinha de longe. Havia muito a curar; mas, pela primeira vez em vários anos, houve uma grande liberdade em finalmente aceitar o que era e não em fingir o que deveria ser. E o processo de cura pôde começar.

O elemento terra nos dá a capacidade de ver claramente. Ele nos dá a energia para aceitar a verdade que nos liberta. Dispersa dúvidas, medos, a depressão ou a confusão emocional que pode nos desviar de nossa concentração.

Não deixe que nada enfraqueça a sua energia.

Invoque a terra.

Invocação à terra:
Um exercício para ter mais lucidez

Uma mulher pode ficar tão acostumada a viver em função da aprovação dos outros que é capaz de se distanciar de suas próprias necessidades e sentimentos. Assim, torna-se conveniente culpar os outros pela sua infelicidade, o que a deixa, no entanto, presa na sua miséria.

O processo a seguir desvia o foco dos outros e o orienta para o interior da mulher. Pode ajudá-la a certificar-se do que ela quer, e ajudá-la a ter uma visão realista dos efeitos dessas mudanças.

Começamos perguntando à pessoa o que ela acha que quer. A pergunta seguinte é: — Se você pudesse, o que você gostaria de ter agora? — Invariavelmente, a linguagem corporal, o tom da voz, a expressão facial, a troca de olhares (ou a falta deles) e outros indicadores mostram se a pessoa sabe realmente o que ela quer ou se há incerteza quanto às necessidades de se lidar com isso. Se houver ambigüidade, trabalhamos com essas questões até que tudo fique mais claro.

Betty queria ser uma terapeuta. Fora admitida na faculdade de graduação e tinha começado seus estudos recentemente. Quando questionada pelo grupo de apoio sobre o que ela queria, respondeu sem hesitação: — Quero terminar meus estudos e começar minha prática. — Falou olhando diretamente para o grupo. Transmitiu determinação e firme confiança em si mesma. O grupo não teve problemas em concordar unanimemente que ela conseguiria o que queria.

Terri levantou-se em seguida e expôs que ela sonhara com um relacionamento. Durante o seminário, Terri tinha-se queixado de que não havia um homem importante na sua vida. Quando falou, no entanto, sua voz estava fraca; faltava autoridade às palavras, e ela olhava para o lado. Terri não foi clara. Pelo processo de reestruturação de seu relato, Terri finalmente percebeu que o que ela realmente queria não era um relacionamento com suas condições e restrições, mas um amigo do sexo masculino na sua vida.

Quando conseguiu ser honesta com ela mesma, pôde se libertar de sua raiva e ressentimento por não estar tendo um relacionamento. O mais importante não era ter um relacionamento. Às vezes, para passar pela confusão emocional, precisamos invocar a energia clara, poderosa e firme da terra.

O exercício a seguir é um processo simples em cinco etapas para invocar esse elemento.

Um processo em cinco etapas para se conseguir a lucidez

(Pode ser feito com um parceiro, com um grupo de apoio ou sozinha, em frente a um espelho. Quando fizer sozinha, olhe fixamente no espelho e observe cuidadosamente suas reações faciais.)

1. Enuncie o que você acha que quer.
   Pode ser algo que sente que é importante ou sincero: um objetivo que você quer atingir, uma qualidade que quer desenvolver, uma experiência que deseja ter, alguma coisa que você quer provocar para acontecer, criar ou estabelecer (um plano de férias, mudança de profissão, relacionamento etc.).
2. Observe o que você está transmitindo.
   Sua linguagem corporal, o tom de sua voz, a escolha das palavras, a expressão facial etc., estão em harmonia com a sua fala, ou alguma coisa

indica confusão, falta de clareza ou ruído na comunicação? Peça a seu parceiro ou ao grupo que relate o que eles observam.

3. Repita sua declaração até que todas as pessoas presentes concordem em dizer que ela é confiante e clara.

4. Se agora eu tivesse isso que eu quero, eu o tomaria para mim?

   Seu parceiro ou alguém do grupo deve lhe perguntar isso. Seja o mais realista possível a respeito das implicações de conseguir o que você quer. Isso é *realmente* o que você quer? Por exemplo, se conseguir o que você quer significa deixar o lugar onde mora ou reestruturar seu estilo de vida de uma forma significativa — você continuaria querendo? Quais são suas prioridades?

   Se não conseguir responder à pergunta com um absoluto "sim", reestruture sua declaração, aperfeiçoando-a quantas vezes for necessário, enquanto puder. Por exemplo, Terri começou afirmando que queria um relacionamento. Mas faltavam-lhe confiança e autoridade ao afirmar isso. Era óbvio que ela estava sendo ambivalente com relação ao que ela pensava que queria. Se você emana confusão, você atrai confusão. Foram várias tentativas até conseguir fazer uma afirmação que ela realmente sustentasse. Quando Terri disse: "Quero um amigo do sexo masculino", ela estava sendo clara.

5. Quando você tiver alcançado clareza de visão, observe como se sente e partilhe isso com as pessoas presentes (ou escreva num diário).

Você pode fazer isso sozinha quando precisar invocar o elemento terra. Diga a si mesma: "Invoco o poder e a clareza da terra" e se visualize firmemente em pé no solo fértil da Mãe Terra.

O Elemento Água

A energia dentro de nós que é
INTUITIVA, FLEXÍVEL, ACOLHEDORA, SENSÍVEL,
DÓCIL, VULNERÁVEL, RECEPTIVA.

— Você é Michael?

Peguei no colo meu filho recém-nascido, sem nome, embalei-o junto ao peito e esperei uma resposta, uma confirmação.

— Você é... Aaron? — perguntei novamente e esperei uma emoção, um reconhecimento, um sentimento, um elo. Novamente, nada. Meu marido e eu tínhamos vasculhado os livros de bebês com centenas de nomes. Tínhamos reduzido a lista a doze nomes. Agora, nenhum parecia servir. "Você é Scott? Brook?" Repeti esse pequeno ritual várias vezes no dia seguinte, cada vez com um nome diferente. Sabia que havia um nome certo, o nome que essa alma queria, e eu sabia que ela me diria — mas eu não sabia como. No terceiro dia, perguntei:

— Bem, você é John? — De repente, uma carga de energia surgiu da parte superior de minha cabeça e fluiu impetuosamente pelo meu corpo, até os dedos dos pés. Foi um momento inesquecível. — É isso, seu nome é John.

Na roda da medicina, o Norte é a direção que aponta para a escuridão criativa que é o berço do inverno. O inverno é a estação em que a vida cresce calma e silenciosamente. É um período de incubação, e, fora desse vácuo, toda a vida prossegue. Aos antepassados do Norte são confiados os segredos e o mistério que é a fonte de vida em si. Esse é o elemento da água.

A água é o elemento que dá à mulher o poder de ser calma, receptiva, reflexiva, intuitiva. O mais feminino dos elementos em sua suavidade e energia, a água representa o poder de acolhimento, proteção, sensibilidade e todas as qualidades presentes de forma mais completa nas mulheres.

A receptividade não deve ser confundida com passividade. A mulher receptiva em comunhão com o espírito da água sente o seu próprio valor e importância. Suas decisões e respostas são completamente conscientes e provêm do conhecimento interior. Por outro lado, a mulher passiva se desfaz de seu poder por não ser honesta no que diz respeito aos seus sentimentos ou por negar sua resposta às pessoas e às situações.

Talvez a característica mais importante da água seja a capacidade de ouvir e ser sincera. A sinceridade nasce do desejo de entender. Para entender verdadeiramente a nós mesmas e aos outros, devemos ouvir não só com a cabeça e os ouvidos, mas com o coração. Para escutar com o coração, é preciso arte, paciência e uma disposição para ser vulnerável.

O elemento água foi reverenciado nas Tradições de Sabedoria Antiga. Por exemplo, o filósofo grego Pitágoras foi um dos mais brilhantes filósofos da Era Clássica. Na Escola Pitagórica, estabelecida por ele, os alunos admitidos para treinamento eram levados, primeiramente, para uma estátua de uma musa coberta. A estátua mostrava a musa com seu dedo levantado sobre os lábios, indicando silêncio. À frente dessa grande estátua, os alunos faziam um voto de silêncio que durava de dois a cinco anos. Essa disciplina forçava-os a desenvolver os dons altamente apreciados de receptividade e intuição.

A Luz de uma Santa Presença aqui

Algumas das experiências mais desafiadoras que tive no aprendizado de confiar e permitir o fluxo da energia intuitiva da água foi no trabalho com pacientes. Esther era uma paciente com uma doença cardíaca crítica de quem fui terapeuta por algum tempo. Ela tinha uma personalidade maravilhosa, enérgica. Nossas sessões tinham sido produtivas. Uma noite, bem depois do horário normal de visita, estava voltando para casa e senti uma extrema necessidade de parar no hospital para vê-la. Eu tinha cumprido a agenda do dia e não estava escalada para ver Esther novamente na semana seguinte.

Quando entrei no quarto, percebi imediatamente que minha intuição de vê-la estava correta. O quarto estava escuro. Esther estava sentada na beirada da cama, aterrorizada. Senti que sua morte estava próxima e que ela sabia disso.

— Tive um sonho na noite passada — disse lentamente. — Sonhei que estava num longo túnel escuro. Foi horrível. Nunca me senti tão sozinha e com tanto medo em toda a minha vida. Continuei andando, atravessando o túnel. Mas eu nunca chegava ao fim. Aí eu acordei e não fui capaz de lidar com essa sensação durante todo o dia.

Esther levantou o olhar com uma expressão desesperançada e tentou esboçar um pequeno sorriso; estendi o braço para segurar-lhe a mão. O sonho refletia seu medo e seus sentimentos não resolvidos a respeito da morte. As emoções foram tão fortes que ela não conseguiu vivenciar o sonho à medida que passava pelo túnel. Para ela não havia luz no fim do túnel.

Novamente, eu tinha de ouvir a minha intuição e confiar nela.

— Esther — disse —, acho que é importante você voltar para o seu sonho e concluí-lo.

Ela ficou horrorizada com a sugestão, mas confiou em mim o suficiente para conduzi-la por meio de um devaneio guiado para reviver o sonho. Peguei-lhe a mão e recitamos juntas seu salmo favorito... "Ele que mora no lugar secreto do Alto dirá do Senhor, você é meu Deus. Nele eu confio...", enquanto rezávamos juntas, Esther entrou novamente no túnel e dessa vez, ao longe, viu um orbe ou uma luz dourada e começou a se mover em direção a ela. No fim do túnel ela encontrou o marido, que tinha morrido muitos anos antes, esperando por ela.

— Tem-se a sensação de uma Santa Presença aqui — disse ela — e agora está me pegando pela mão e estamos indo para a Luz e, e... é tão lindo. — Ela parou e as lágrimas começaram a correr-lhe dos olhos. De repente, ela viu a mãe e o pai, bem como outros entes queridos vindo na direção deles, saindo da Luz. A sensação de uma Santa Presença foi ainda maior, substituindo o seu medo por uma sensação de paz.

Quando a deixei, ela estava em paz, não tinha medo, havia um brilho puro, delicado em volta dela. Logo depois de chegar em casa o telefone tocou. Era do hospital. Esther tinha morrido.

Foi uma experiência verdadeiramente impressionante para mim. E eu estava agradecida por ter confiado no que eu senti. Edgar Cayce, um professor muito sensato e importante, disse uma vez que quanto mais nossas decisões estiverem baseadas na intuição, mais profundos e de maior alcance serão os resultados. Ouvir nosso guia interior e então agir de acordo com ele é a única forma de desenvolver a intuição. Quanto mais atenção prestarmos a essa voz, mais capazes seremos de ouvi-la.

O segundo filho é a dúvida

A sabedoria e o lampejo espiritual do *I Ching* ou *Livro das Mutações* guiou e nutriu a alma chinesa por mais de três mil anos. No *I Ching*, conta-se uma história para explicar como funciona a intuição.

No início havia o Céu e a Terra. O primeiro ser nascido de sua união foi uma criança chamada "Intuição". Logo depois do primeiro filho, veio um segundo, chamado "Dúvida".

Céu é um símbolo de consciência ou alma, e Terra, um símbolo do corpo ou do "eu" físico. Da união ou harmonia ou interação entre esses dois nasceram nossos sentimentos intuitivos. Invariavelmente, porém, nossos pensamentos lógicos, racionais, assumem o comando e começam a questionar, a duvidar ou a adivinhar esses conhecimentos que se agitam interiormente.

"Oh, isso não pode estar certo — não faz sentido!"

"É só imaginação!"

"É só uma fantasia."

"Eu preferiria pensar daquela outra forma novamente."

Todas essas são as vozes da dúvida, que vêm logo após o lampejo da intuição. Nesses casos, o *I Ching* aconselha: "Vá para o alto da montanha." Quando houver dúvida, volte ao silêncio, à receptividade. Lá você encontrará novamente a sua intuição, o seu "primeiro filho".

Há uma história sobre um dos grandes mestres chineses. Dizem que um dia, enquanto meditava em seu quarto, ouviu um ruído no quintal. Quando olhou pela janela, viu uma cegonha e uma serpente brigando. Toda vez que a serpente dava o bote, o pássaro se rendia e a repelia com as asas. Ele observava que a luta era como uma dança, uma fusão entre as energias yin e yang — a energia yang era positiva, e a feminina — yin, submissa, receptiva, passiva.

O filósofo observou que a energia yin era mais forte que a yang. Quando a serpente já estava cansada pelos golpes desferidos, pelo esforço empregado, a cegonha atacou a serpente, espetando-a e levantando-a com seu bico.

Quando temos de enfrentar alguém, por medo, dor ou hostilidade, nossa tendência é "revidar" com uma força positiva na mesma proporção, para confrontar yang (masculino) com yang (masculino). Isso raramente funciona e só aumenta a tensão.

Quando você está concentrada, você pode ser yin (feminina) — ou água — e deixar que as pessoas manifestem seus sentimentos. Quando elas terminarem, você saberá como estão se sentindo e será capaz de responder apropriadamente.

O desenvolvimento da energia Água se dará rapidamente se você tiver disposição para explorar partes suas que nunca explorou antes; uma disposição para ser vulnerável, para arriscar sentimentos, para arriscar ser você mesma e, assim, para agir sobre esse conhecimento interior. Desse lugar profundo, interior, vem uma mensagem que é comunicada sem palavras.

Uma máxima famosa é que você não pode ajudar ninguém além de seu próprio ponto de esclarecimento interior. Quando comecei a trabalhar com pacientes com câncer, o sofrimento físico e emocional dos pacientes terminais era demais para mim. Ao fim do primeiro dia, eu literalmente vomitei quando cheguei em casa. Para poder continuar eu tinha de "elucidar" a minha própria essência. Sempre que tentamos entender alguém, temos primeiro de lidar com todas as emoções ou reações desencadeadas em nós, antes que se dê uma compreensão num nível mais profundo.

A primeira paciente com câncer que ajudei a encarar a morte chamava-se Maria. Estava num estágio muito avançado de sua doença. Estive quase que constantemente com Maria em seus últimos poucos dias. Durante aquele período fiz a ela uma pergunta bem direta: — Maria, como posso ajudá-la?

— Só me ame — disse — e reze por mim.

Ela precisava de mim para ouvi-la de uma forma que transmitisse carinho. Não eram necessárias palavras, só certa sensibilidade e disposição para estar lá.

Receptividade significa não ter de preencher espaço com conversa e tagarelice. A comunicação nem sempre é verbal. Na verdade, pode atrapalhar, impedindo uma partilha mais profunda.

Enquanto fiquei com Maria, aprendi a ir além das minhas necessidades para manter sua mente (e a minha) ocupada com amenidades. Existe um grande poder na pausa, em saber quando ficar calada, quando falar, quando deixar alguém sozinho, quando aceitar os outros — e quando conceder um tempo a si mesma, fazendo uma pausa no dia para se acalmar. Para ficar quieta — e para conhecer.

Invocação ao Elemento Água:
Exercício para desenvolver a receptividade

1. Para desenvolver o poder da Água, duas qualidades são necessárias: respeito e receptividade. Em toda a situação, com todas as pessoas, presuma sempre que elas merecem seu respeito, que têm pontos de vista razoáveis e precisam ser ouvidas. Seja fiel ao espírito desta afirmação: Quero entendê-lo e quero que você me entenda.

2. Para desenvolver a qualidade da receptividade, fique atenta e ouça sem interrupção. Se uma pessoa fizer uma declaração, não pense que você entende o seu significado. Reformule o que você acha que ouviu, perguntando:

— Você está dizendo...?

— Isso é o que eu acho que ouvi você dizer... Estou certa?

Outras perguntas do tipo "água" podem ser:

— Que resultado você acha que isso vai ter?

— O que você gostaria que acontecesse?

— Isso significa...?

— Como posso apoiá-lo?

Para desenvolver a energia da Água, você precisa ser "fluida", acreditar no momento e acreditar que o momento a levará a algum lugar. Se você pensa que sabe tudo sobre uma pessoa ou situação, então você já estabeleceu limites no relacionamento ou na comunicação. Mas se você é curiosa e tiver desenvolvido uma qualidade de receptividade, nesse caso você será capaz de deixar de lado suas defesas, fluir ao sabor da situação e ser receptiva para possibilidades criativas inerentes a ela.

Experiência para desenvolver a receptividade: para parceiros

Faça este exercício com um grande amigo, alguém com que você se sinta à vontade. Comecem sentando-se frente a frente. Fiquem em silêncio por alguns minutos e então, alternadamente, digam um ao outro: — Quero entendê-lo e quero que você me entenda.

O parceiro A diz: — Por favor, dê-me a sua opinião sobre qualquer coisa que sabe não estar funcionando bem em minha vida. (Como por exemplo: como eu lido com meu filho; por que estou confuso a respeito de...; o problema que estou tendo com...)

O parceiro A ouve enquanto o parceiro B dá suas opiniões e revela os sentimentos sobre onde existem bloqueios. O parceiro A ouve, respeitando as observações do outro, sem fazer comentários, sem dar desculpas nem explicações e sem fazer racionalizações. Quando o parceiro B terminar, o parceiro A pode fazer perguntas como:

— Você está dizendo que...?

— O que mais você observou...?

— O que mais você sentiu quando me viu (ou ouviu) fazendo aquilo?

— De que outra forma você acha que eu poderia ter feito aquilo?

Nesse caso não deveria haver tentativa de justificativa. Simplesmente respeite e seja receptiva ao ponto de vista de seu parceiro. Faça perguntas que ajudem a elucidar a comunicação e ouça-a enquanto perdurar.

O parceiro A agradece a seu parceiro e compartilha, durante alguns momentos, pensamentos e sentimentos sobre o que foi dito. O parceiro B pode responder novamente. O processo continua até se completar. Ouvir sem se defender é o primeiro passo para desenvolver a receptividade.

Os parceiros invertem os papéis e recomeçam.

O Elemento Ar

A energia dentro de nós que é
COMUNICATIVA, CLARA, LEVE, ALEGRE
BEM-HUMORADA, ESPONTÂNEA, CRIATIVA.

Numa época traumática da minha vida, telefonei para Suzzane, minha jovem amiga de 70 anos, para me consolar e aconselhar com ela. Meu marido e eu tínhamos acabado de nos separar. Eu tinha de sair da casa e estava em estado de pânico. Suzzane era o meu "anjo da guarda", alguém a quem sempre me voltava nas fases de incerteza e sofrimento. Naturalmente, contava com sua compreensão e com seus bons conselhos, quem sabe até ser convidada para ir a Nova York para passar alguns dias juntas e conversar.

— Suzzane — disse, debatendo-me com momentos de desespero e autopiedade —, não sei o que vou fazer ou onde vou morar. — Houve uma breve pausa do outro lado da linha e aí, esfuziante, com sua característica alegria de viver, ela replicou: — Que legal! Vou ter de tentar isso alguma vez!

Sua resposta rápida me fez estremecer. Não era o que eu esperava. Mas atravessou minha barreira de confusão. "Anjos" verdadeiros são seres que assimilam as coisas de uma maneira tranqüila. Em vez de chorar em seus ombros, como tinha imaginado, começamos a rir juntas. Sua leveza, sua espontaneidade tiraram todo o peso da situação e a transformaram. Comecei a ver os desafios, as possibilidades de minha situação com espírito e esperança renovados. Minha autopiedade foi substituída por amor-próprio.

O ar muda as perspectivas

Na tradição indígena americana, o antepassado do Leste é representado pela águia. O Leste é onde nasce o Sol, onde a luz aparece em primeiro lugar. O antepassado do Leste é o espírito de novos inícios, grandes idéias. De todas as criaturas aladas, a águia é a que voa mais alto e, além disso, representa a percepção exaltada, o olho que encerra todas as possibilidades. É o espírito do Ar.

A energia e o poder do elemento Ar é a energia de comunicação e de clareza. O Ar nos dá a capacidade de ver alegria e oportunidade no desafio das experiências da vida. Ele abrange uma qualidade quase ingênua de confiança, admiração, excitação, expectativa e divertimento.

Inundada pela Água, salva pelo Ar

Uma vez, quando fui escalada para fazer um seminário de Treinamento de Mediação para a Association for Research & Enlightenment, Inc., (A.R.E.), em Virginia Beach, tive uma experiência inesquecível com a qualidade mágica da energia Ar. Tinha chegado de avião do Texas, um dia antes, para preparar o seminário em questão. A mediação é uma forma bem eficiente de resolução de conflitos; no passado, eu tinha aplicado o Treinamento de Mediação com Russell, um amigo advogado. Para nossos seminários, usávamos o teste de Thomas-Killman, Conflict Mode test. Nós o tínhamos comprado em conjunto, e Russell guardava os testes em seu escritório.

Quando telefonei a Russell para pegar os testes, descobri, por meio de seu sócio, Douglas, que Russell estava fora da cidade. Falei a Douglas sobre o que eu precisava e por quê, e disse que passaria por lá para pegar os testes. Eu não via nenhum problema nisso e esperava uma resposta rápida, simples, como "Claro, venha". Em vez disso, recebi um seco "Não posso dar-lhe esses testes sem a permissão de Russell". Meu estômago revirou. Subitamente, senti como se tivesse pisado uma cobra!

— Mas você não está entendendo — implorei. — Estou contando com esses testes. Russell e eu somos amigos há vinte anos. Esses testes pertencem a nós dois, nós os compramos juntos.

Mas ele estava impassível. — Antes de deixar que qualquer coisa saia deste escritório, preciso da permissão de Russell. — A voz soava precisa e autoritária. — Para mim, você é simplesmente como qualquer outra mulher. — Eu estava chocada demais para responder.

— Há algum problema em você telefonar para o Russell? — perguntou-me. É claro que havia! Russell estava em algum lugar na Carolina do Norte, de férias, e as chances de encontrá-lo eram mínimas. Estava ficando irada e me debatendo com sentimentos de pânico e frustração. Na confusão, minha Passiva Agradável se manifestou.

— Você tem um número de telefone onde eu possa encontrá-lo? — perguntei, diminuindo o tom da voz. Na verdade, eu estava prestes a explodir. Em vez disso, escrevi apressadamente o número que ele me ditou. Quando liguei, o telefone tocou, tocou sem parar; não havia ninguém lá.

Toda essa situação parecia estúpida, inútil e desnecessária! Eu tinha duas opções. Poderia telefonar novamente ao sócio de Russell e pleitear um pouco mais — ou realmente dizer a ele o que eu estava pensando! E nenhuma das duas opções me teria dado aquilo de que precisava.

"Bom, como posso contornar esta situação?", pensei. A resposta veio rapidamente. "Invoque o Ar. Mude de perspectiva!" E subitamente, em vez de ser um impasse inútil, a situação se tornou um desafio para a minha criatividade!

Mudei de foco e olhei para a situação com os olhos de Douglas. Douglas era um advogado. Era um pensador lógico, sistemático, metódico. Estava encarregado do escritório. Era sábado, ele estava pondo seu trabalho em dia e não queria ser aborrecido. Obviamente, minha tentativa de apelar para os sentimentos de Doug não funcionariam. Se eu ficasse com raiva, ele ficaria na defensiva. Então, a tarefa era determinar como me comunicar com um advogado extremamente racional, de uma forma que ele pudesse estabelecer relação comigo.

É claro que Doug era muito mais uma energia Terra e eu, Água. Meu modo normal de estabelecer relação é por meio de sentimentos e emoção, o seu é por meio da lógica e da razão. Eu poderia banhá-lo num fluxo de energia de água, e Doug iria simplesmente construir um dique e lançar mão de uma toalha, ou iríamos fazer muita lama.

Eu precisava de Ar para sair do impasse. Depois de alguns minutos, liguei para ele novamente com uma nova perspectiva.

— Douglas, eu realmente estimo o fato de você estar como responsável pelo escritório. Ainda não consegui falar com Russell. E se eu fosse até o escritório e assinasse uma declaração de que peguei os testes? Dessa forma, você estará protegido.

— Não, isso não é necessário — replicou cordialmente. Do ponto de vista de Douglas, qualquer mulher que pensasse daquela forma era uma pessoa sensata. Aí, sim, eu era alguém com quem ele podia se relacionar. Mudada toda a energia, em vez de um choque, tornou-se uma dança.

— Veja, o verdadeiro problema é que — disse ele — não sei onde estão os testes — e não quero procurá-los.

— Eu acho que sei onde estão. Você se importa de verificar?

— Claro que não — foi sua resposta.

Disse-lhe onde pensava que estavam os testes, e Douglas foi procurá-los; infelizmente não os encontrou.

— Sinto muito — disse — mas os testes não estão lá. E então, espontaneamente, deu uma sugestão bem-vinda: — Por que não continua tentando falar com Russell? Se você conseguir descobrir onde estão os testes ligue para mim novamente e eu os levarei para você quando sair daqui hoje. — Toda a situação tinha sido transformada por meio da receptividade do Ar.

Ninguém faz nada deliberadamente com a intenção de fazer o mal pelo mal. Todos agem com o propósito do bem, como o entendem, e cada um entende o bem de uma forma diferente.
(Autor desconhecido)

Outras perspectivas

Nestes tempos de liberação da mulher, muitas delas ficam desanimadas porque estão sozinhas ou sem homens. Se falhamos em ver o desafio e as possibilidades na oportunidade de estar sozinhas, viver por nossa própria conta pode ser uma experiência muito "pesada" ou pode ser uma fase de grande oportunidade.

— Querida, há muitas coisas piores do que estar sozinha — e poder fazer o que você quiser — observou uma mulher com anos de sabedoria e humor despretensioso para uma jovem mulher solitária e deprimida num seminário na Califórnia.

A energia e o poder do ar é a alegria. Não importa se essa qualidade de espírito costuma ser pintada em contos de fadas como um duende livre e animado, um gnomo travesso ou um anjo. Mas o mais importante é que ter o elemento de Ar significa nunca perder a curiosidade alegre e a animação com relação à vida. Com o elemento Ar, nós mesmas podemos nos erguer do fastio e da carga de uma situação para viver a alegria e a leveza presentes em quase todos os momentos!

Tire isso, mamãe!

Uma vez, eu estava caminhando pela Madison Avenue, em Manhattan, no horário de pico, quando de repente senti um tapinha em meu ombro. Virei-me e vi uma senhora que presumi tivesse me confundido com outra pessoa. Sorri e continuei caminhando. Logo depois, a senhora bateu em meu ombro novamente, dessa vez com uma insistência maior. Quando me voltei para ela, pareceu-me muito constrangida e apontou enfaticamente para a calçada. Olhei para meus pés, achando que eu estava sendo advertida a respeito de uma tampa de bueiro ou de um monte de fezes de cachorro. O que era? Eu não vi nada. De novo ela insistentemente apontou para o chão — para meus pés. Seu semblante era o de uma pessoa alarmada.

Ao olhar, vi sob a barra da perna esquerda de minha calça que havia de três a cinco centímetros de uma meia-calça azul. Eu usara a calça no dia anterior e, aparentemente, com a pressa de me despir, tirara a calça, a meia, tudo. E a meia tinha ficado grudada na perna. Por isso, a meia pouco a pouco havia escorregado pela minha perna e estava entrando no meu sapato!

O que eu podia fazer? Eu não podia simplesmente ficar ali de pernas cruzadas e sorrir. Não havia um lugar conveniente para me trocar. E cada vez que dava um passo, um pouco mais da meia-calça deslizava pela perna.

Em outros tempos, eu teria ficado envergonhada e constrangida. Mas percebi que isso não iria me fazer nenhum bem. Tomei uma decisão. Uma vez que a situação não pode ser ignorada, por que não entrar realmente nela e aproveitá-la? De repente, o espírito travesso de Ar me possuiu. Em vez de tirá-la disfarçadamente da minha perna, peguei-a e comecei a puxá-la de dentro de minha calça num gesto exageradamente espalhafatoso. A essa altura, uma pequena multidão começou a juntar-se à minha volta. O problema com as meias-calças é que quanto mais você puxa, mais tem para puxar. É como puxa-puxa. Simplesmente estica cada vez mais. Nesse momento, dois dos homens mais bonitos que já vi até hoje viraram a esquina e vieram na minha direção. Sorri envergonhada, como se quisesse dizer: "Não, eu não faço isso sempre, só de vez em quando." Alguém na multidão gritou: "Tire isso, mamãe!" Eu já estava puxando o último pedaço de meia-calça, girando-a acima de minha cabeça, estalando-a como um chicote. Curvei-me em direção aos dois recém-chegados de uma forma exagerada e coloquei minha meia na bolsa. A pequena multidão que tinha se juntado à minha volta se pôs a aplaudir e a rir. Os dois homens charmosos perguntaram se eu ia tirar mais alguma coisa. Quando lhes garanti que não, eles muito naturalmente me convidaram para almoçar, o que, infelizmente, tive de recusar. Foi muito divertido enquanto durou. Se isso tivesse ocorrido um ou dois anos antes, teria sido um golpe mortal para o meu ego.

É, os Anjos são seres que deixam as coisas mais leves.

Exercício para o Elemento Ar

O melhor lugar para ficar em contato com o elemento Ar é nas montanhas, onde o ar é fresco e puro. Fique sozinha, caminhe pelas colinas ou pelas trilhas das montanhas. É uma das melhores formas de mudar sua perspectiva e de se revitalizar.

Se não houver colinas ou montanhas disponíveis, encontre um lugar especial aonde possa ir para ficar sozinha e simplesmente atente para a sensação da brisa ao passar pelos seus cabelos ou ao acariciar-lhe o rosto. Você pode ir a um lugar físico ou simplesmente fazê-lo em sua imaginação, como um devaneio. Observe como o vento pode tranqüilizar seus pensamentos e acalmar a sua mente. Estamos envolvidas no ar. Funda-se com o ar. Experimente sua alegria e leveza. Aceite o movimento suave e tranqüilo do ar, a fim de inspirar leveza a seus pensamentos e liberdade a seu espírito.

O Elemento Fogo

A energia dentro de nós que é
CORAGEM, DETERMINAÇÃO, PODER, PAIXÃO,
ENERGIA, CONVICÇÃO, INSPIRAÇÃO, CRIATIVIDADE.

— Naomi, você gostaria de ficar encarregada desse comitê?

O presidente do comitê de conferências olhava esperançosamente para aquela negra atraente. Naomi era uma líder natural: calma, segura e experiente — alguém em quem todos confiavam. Naomi sorriu com facilidade. "Não, acho que não." Ela respondeu com tanta serenidade e autoconfiança que, no início, pareceu que tinha aceitado. Ela disse "sim" ou "não"?

Vindo de Naomi, "Não, acho que não" soava como uma melodia. Suas palavras não traziam absolutamente nenhuma culpa. Sem explicações, sem justificativa, só confiança em si mesma.

O último a ser chamado

O antepassado do Sul é o espírito do fogo, paixão, amor e vitalidade. É a direção do verão, a estação da abundância, do crescimento, da plenitude. Esse antepassado rege o processo de vida e morte, de nascimento e renascimento.

O fogo geralmente é o último elemento que uma mulher invoca. É o poder de agir, de ser decisiva, de tomar decisões. E a maioria das mulheres foi treinada para dar esse poder aos outros.

Ao invocar o nosso Fogo, precisamos aprender o uso criativo de duas palavras muito importantes: *sim* e *não*. Há certa magia surpreendente nessas palavras.

O *não criativo* e o *sim cortês* são dois lados da mesma moeda. Precisamos ser capazes de dizer as duas palavras com facilidade. Naomi é alguém que diz *sim* a muitas coisas na vida. Mas, como ela, todos nós podemos nos beneficiar ao aprender a dizer *não* para os pedidos errados em nossa vida, para o relacionamento que não está dando certo e para dizer *sim* para nós mesmas, para nossa vida — para doar e viver. O Fogo é liberado por uma decisão para agir. Quando, do fundo do coração, sabemos exatamente o que fazer, se nos entregamos àquela ação, parece que a energia de vida vem em nossa ajuda. A energia segue a ação!

Recentemente, tive o prazer e a satisfação de ser anfitriã de uma pequena festa para comemorar um fato importante na vida de minha amiga Janet — a obtenção de seu título de Mestre. Foi um triunfo do Fogo! Depois de muitos anos longe da escola, Janet se convenceu de que para ela era importante completar o curso de graduação. Na época, ela não tinha idéia de como financiar seus estudos ou como iria se sustentar durante o programa de dois anos. Mas era a hora certa e ela deu o primeiro passo, candidatou-se e foi admitida. Assim, inesperadamente, seus pais lhe ofereceram apoio financeiro. No seu segundo ano, recebeu outro presente inesperado de outra pessoa que queria apoiá-la na escolha da carreira.

Uma das alegrias daquela festa foi ouvir Janet contar essas e outras pequenas histórias sobre como as coisas continuaram dando certo para ela — o carro inesperado, a ajuda oportuna de amigos e da família, ao apoiá-la na sua decisão e nos seus compromissos.

Pelo fato de ter sido bastante corajosa em acreditar no que ela queria fazer e ter se comprometido com isso, outras coisas acabaram apoiando-a nessa decisão. Se ela tivesse esperado o momento e as condições certos para assumir o compromisso, ainda estaria esperando.

Muitas mulheres têm problemas com a tomada de decisões, e optam por continuar num estado de confusão durante meses e até anos — às vezes a vida toda. A confusão é uma condição que resulta de não se querer ser responsável por escolhas. Jogamos com segurança. Não conseguimos ter certeza dos resultados de nossas ações. Sendo assim, não agimos e continuamos em estado de confusão.

Muitas mulheres vivem esperando "uma luz" para tomar uma iniciativa. Parecem pensar: "Quando o raio reluzir, quando a luz brilhar — aí então eu estarei luminosa, aí então saberei o que fazer." Mas a vida não pode ser vivida o tempo todo esperando que alguma coisa aconteça. Temos de escolher para liberar nosso Fogo e, então, vem a energia. Temos de dar o primeiro passo, mesmo se não soubermos exatamente aonde o próximo passo vai nos levar. Se descobrirmos, já tarde, que tomamos o caminho errado ou perdemos a via certa, nesse caso sempre podemos fazer outra escolha e tomar outra direção.

"Vida, você é bela demais para que nós a percebamos!" As palavras de Thornton Wilder em *Nossa Cidade* sempre voltam para nos lembrar quanto hesitamos na vida, resistindo e vacilando por causa do medo do desconhecido.

Não há história melhor sobre a invocação do seu fogo do que esta sobre o jovem Michelangelo.

Por causa de seu enorme talento, Michelangelo foi selecionado para entrar na Escola dos Medici. O jovem artista ficou emocionado por estar estudando com os grandes mestres. Todo dia, Michelangelo desenhava laboriosamente e todo dia seus professores pegavam seus desenhos sem fazer nenhum comentário — nem crítica nem elogio.

Essa prática continuou por muitos meses, até que já tinha se passado mais de um ano. Outros alunos passavam para outros métodos — pastel, têxtil, pintura; e alguns dos mais bem-dotados começaram a trabalhar com pedra, que era a paixão de Michelangelo. Mas Michelangelo só tinha permissão para desenhar. E seus desenhos continuavam a ser recolhidos, de forma rude, sem nenhum comentário por parte dos professores.

Por fim, Michelangelo não suportou mais essa situação. Embora fosse proibido, entrou furtivamente na pedreira dos Medici, em meio à escuridão, munido de instrumentos para esculpir. Com o coração batendo fortemente de excitação, escolheu uma pedra de mármore e começou a esculpi-la. Da pedra sem vida, começaram a surgir as curvas e os contornos de um magnífico garanhão.

No dia seguinte, um Michelangelo exausto, mas extremamente contente, foi interpelado por seu professor no caminho para a classe.

— Buonarroti — perguntou o mestre de feições rígidas —, é verdade? Você entrou na pedreira na noite passada e profanou a pedra sem permissão?

— Entrei — confessou o jovem artista.

— Então vá ao encontro dos Medici imediatamente — ordenou o instrutor.

Todos os alunos conheciam as regras. Com uma violação flagrante daquele tipo a expulsão parecia inevitável.

Os Medici eram os homens mais temidos e poderosos da época. Michelangelo tremia enquanto se dirigia, pelo longo corredor, ao escritório onde os Medici o estavam esperando.

— Michelangelo, é verdade que você entrou na pedreira ontem à noite sem permissão da escola e profanou a pedra? — perguntou a figura imponente atrás da escrivaninha.

— É — respondeu Michelangelo — é verdade.

Sem mais nenhuma palavra, o Medici foi até a escrivaninha e pegou uma grande pasta de couro. Era a pasta de Michelangelo com todos os desenhos que ele tinha feito na escola.

O Mestre Medici pôs os desenhos sobre a escrivaninha e os observou com grande admiração. Então, levantou o olhar para Michelangelo e disse: — Sempre soubemos que você tinha talento, mas não sabíamos se tinha coragem. Vá; a pedreira é sua.

Michelangelo tinha o gênio, tinha o Fogo — a coragem e a paixão para seguir seu coração!

Exercício para invocar o Fogo

Aprender a tomar decisões claras e a perseverar nelas é uma chave importante para invocar o Fogo. Lembre-se, nunca temos os fatos suficientes para tomar a decisão correta. Nunca podemos estar seguras de que nossa decisão terá os resultados que esperamos. Mas o que podemos fazer é tomar a melhor decisão de que somos capazes, baseadas numa combinação de fatos e intuição. Podemos fazer um balanço entre o que sabemos sobre uma situação (os fatos) e o modo como nos sentimos com relação a isso (nossa intuição), e, então, tomar uma decisão, conferindo igual importância a ambos.

INVOQUE O SEU FOGO

1. Estabeleça uma decisão ou um curso de ação para uma situação de urgência na sua vida, baseada em tudo o que sabe e sente sobre essa situação. Numa folha de papel, escreva o que parece ser a sua melhor opção. Escreva isso como se fosse uma carta para si mesma, afirmando-o. A menos que encontre uma razão para mudar de idéia nas 24 horas seguintes, é isso que você fará.

2. Espere 24 horas. Durante esse tempo, procure sinais, símbolos, qualquer "sincronismo" significativo que possa confirmar ou mudar sua decisão. Se não acontecer nada que mude sua opinião, aja de acordo com a decisão tomada por você.

Não hesite nem olhe para trás. Invoque o Fogo e vá em frente! Atire-se. A energia seguirá a ação!

Ritual para transformar o falso poder em poder real

Esse é um exercício para invocar os elementos Terra, Água, Ar e Fogo e para transformar a Bruxa. Pode ser eficaz se você fizer sozinha ou, para ter mais força, com um grupo. É um ritual para despertar conscientemente a percepção que você tem de sua capacidade de transformação, e para marcar um acontecimento importante em sua mente. Esse é o momento de concluir que você tem uma opção e de que é você que cria sua própria realidade.

Passo nº 1. Dê nome à Bruxa.
Consulte a tabela no final do Capítulo 1. Com qual daquelas Bruxas você se identifica? Você pode se identificar ou estar relacionada com muitas, mas escolha uma, de preferência a que você usa com mais freqüência. Quando tiver se identificado com a Bruxa que você quer transformar, escreva o seu nome numa pequena tira de papel e dobre-a ao meio.

Passo nº 2. Rejeite o falso poder dela.
Reconheça que você criou sozinha essa Bruxa, que você sabe o seu nome, que ela existe dentro de você e que você pode aceitá-la. Afirme que você não quer mais que esse falso poder domine a sua vida.

Passo nº 3. Substitua o falso poder pelo poder real.
Fique em silêncio por um momento e reconheça o Poder Maior que existe dentro de você. Escolha o elemento de que mais precisa para levá-la à totalidade. Invoque o espírito dos elementos para despertar a maior parte de si mesma. Por exemplo, se você é a Passiva Agradável, talvez precise invocar o Fogo e suscitar as qualidades de agir, exteriorizar e dizer "não" para as coisas que não dão certo para você. Ou, se você é a Madre Superiora, talvez queira invocar o elemento Água e a qualidade de ouvir ou ser aberta, receptiva e curiosa com relação aos outros. Deixe sua mente ser inventiva, criativa e engenhosa ao criar essa experiência.

Passo nº 4. Afirme seu poder. Está feito!
Usando uma vela, uma lareira, um *hibachi* ou qualquer outra coisa apropriada, realize uma cerimônia para marcar a rejeição da Bruxa. Enquanto estiver invo-

cando o poder de transformação, segure ou jogue o papel com o nome da sua Bruxa nas chamas. A chama representa o poder de transformação e purificação. Verbalmente, diga "Eu rejeito... (nome da Bruxa) e invoco, ao contrário, ...(nomeie a energia e suas qualidades)".

Exemplo: "Eu rejeito a Deusa Gritante da Guerra e invoco a Água e a minha capacidade de ser curiosa com relação aos outros e às suas opiniões e para ouvir com o coração aberto."

Agora, saiba que isso está feito no seu coração.

A cerimônia não significa que a Deusa Gritante da Guerra nunca mais vai aparecer em sua vida. Mas, se aparecer, você poderá perceber rapidamente sua presença e rejeitá-la. Desse modo, escolha outras opções com confiança — Terra, Água, Ar, Fogo ou uma das Deusas que você vai encontrar no capítulo seguinte.

Esteja ciente de que você sempre será desafiada pela sua Bruxa. Elas não morrem facilmente. Mas, uma vez conhecido o processo para rejeitar seu falso poder, sempre que sentir sua presença, você poderá rapidamente seguir esses passos em sua mente e, a tempo, terá um completo domínio da situação. Ao fim, você pode até sorrir ou se divertir quando perceber o desenvolvimento de sua cabeça ameaçadora. Então, com confiança interior, graciosa e rapidamente rejeite-a, escolhendo, ao mesmo tempo, uma reação mais adequada e satisfatória.

O Panteão das deusas gregas
reflete a diversidade e a complexidade
das mulheres. Elas nos mostram
uma nova maneira de ver a nós mesmas,
de uma perspectiva inteiramente feminina.
Como mulheres, precisamos
dessa associação com esses
arquétipos grandes, poderosos.
À medida que despertamos e
buscamos a totalidade, as deusas
voltam para nos ajudar na nossa trajetória.

5

Despertando a Deusa

O domingo era dia de reunião na nossa família e envolvia um ritual que eu particularmente apreciava. Papai, mamãe e os quatro filhos vestíamos elegantemente nosso traje de domingo e, depois da verificação final e da aprovação de mamãe, saíamos e caminhávamos dois quarteirões até a igreja de tijolos vermelhos, na esquina.

A Igreja Batista era uma visão confortante para mim, embora fosse um pesadelo do ponto de vista arquitetônico. A música era sempre comovente e ligeiramente desafinada. Os jantares da igreja, com uma boa salada de batata e as tortas de maçã, eram fartos e deliciosos. E os calorosos apertos de mão, os corações abertos e os sorrisos receptivos davam-me a sensação de pertencer ao grupo.

Lembro que eu me sentava nos bancos duros de madeira durante o culto, esperando o fim do sermão. Via os ponteiros do relógio da igreja andarem cada vez mais devagar, enquanto minha mãe me olhava fixamente da galeria do coro com um olhar amedrontador, que me dizia para murmurar e me retorcer o mínimo possível.

Depois do culto, ficávamos lá, conversando com os amigos, e depois a minha família ia para casa para um banquete de domingo, com rosbife ou galinha assada, servido num serviço de mesa maravilhoso, com linho branco, prata e flores frescas à mesa. Nós nos revezávamos, dando a ação de graças e então, com grande admiração, assistíamos ao papai, que arregaçava as mangas, afiava a faca com muita habilidade e, com muito jeito, fatiava a carne para nossa refeição especial.

Embora eu gostasse da amizade das pessoas da Igreja Batista, ainda faltava alguma coisa. Minha mãe era um tanto ecumênica na sua abordagem, então eu não tinha dificuldade em conseguir sua permissão para assistir outros cultos, o que eu sempre fazia depois da escola dominical. Eu gostava particularmente do culto metodista. Mas ele não satisfez minha curiosidade e, no devido tempo, visitei todas as igrejas da cidade. O único tabu real para um batista era o catolicismo. Assim, naturalmente, fiquei fascinada por ele também.

Eu tinha uma amiga católica chamada Georgianna. Certa noite, quando a estava visitando, a mãe dela a chamou para juntar-se à família para as orações da noite. Do quarto, no andar superior, pude ouvir "Ave Maria, cheia de graça, o Senhor é convosco, Bendita sois Vós entre as mulheres".

Eu tinha 9 anos nessa época. Esse foi um daqueles momentos inesquecíveis. Havia um poder naquelas palavras, uma sensação profunda de serenidade e paz. Uma presença reconfortante pareceu tomar conta de mim e envolver-me. Era uma prece para uma mulher. Deus era uma mãe também? Os batistas e metodistas falavam somente a respeito de Jesus, bondoso, pacífico e meigo, e de Deus, poderoso, forte, do Velho Testamento — O Deus de Abraão, Isaac e Jacó.

Na semana seguinte, inesperadamente, deparei com um livro de catecismo que estava nos achados e perdidos do cinema de minha tia. Tinha ficado lá durante três semanas e ela ia jogá-lo fora. Meigamente, perguntei se podia ficar com ele. Com certa hesitação, ela concordou. Eu não podia acreditar. Eu tinha um livro de catecismo e o tinha ganho de minha fervorosa tia batista. Parecia um milagre!

Rapidamente, decorei todas as palavras do livro, inclusive a *Ave-Maria*. No domingo seguinte, assisti à missa católica e continuei fazendo isso durante vários meses, até que num dia quente e abafado desmaiei, vencida pelo cheiro de incenso, durante a consagração. Para piorar ainda mais as coisas, o padre delegou a uma família que eu não conhecia a tarefa de me levar de carro para casa. Quando um carro estranho estacionou em frente de minha casa para me deixar, naturalmente meu pai descobriu onde eu tinha estado. Era isso! Ele me proibiu de ir à igreja católica. Estava fora de cogitação! Era um absurdo uma menina de 9 anos ir sozinha à missa, principalmente quando seu pai era protestante e, além do mais, um fiel batista.

Minha afinidade por Maria continuava sempre a mesma, mesmo que tivesse de ficar oculta. Eu não assistia mais às missas católicas, mas continuava rezando a *Ave-Maria* sempre que buscava paz e tranqüilidade.

O conceito de Maria, Mãe de Deus, tinha se expandido em esfera de ação e riqueza ao longo dos anos. Quando criança, sentia sua presença por intermédio das *Ave-Marias*. Em outras culturas e outras épocas, eu a teria chamado por outros nomes — Ísis, Ashtar, Sofia, Kwan Yin — e seu coração compadecido se abriria para mim. É como se Maria me ligasse a uma lembrança profunda de um outro tempo em que a mulher e a feminilidade eram muito mais bem compreendidas do que agora.

Por intermédio de Maria, comecei a buscar aquele aspecto feminino do Divino, e desse despertar desenvolveu-se uma profunda percepção interior da força e nobreza que é ser uma mulher.

Uma Paleta de Cores

Como mulheres, temos opções e escolhas. É algo como descobrir que temos uma linda paleta de cores à nossa disposição. Podemos escolher habilidosamente que cor ou combinação de cores é adequada a determinada circunstância ou situação. Com muita freqüência, pintamos nossas telas de vida somente com algumas cores familiares, cores "testadas e aprovadas", quando, na verdade, há uma gama infinita de nuanças, texturas e tonalidades disponível. Por que nos limitar quando podemos criar uma obra-prima?!

No capítulo anterior, você foi iniciada nos quatro elementos, e descobriu exercícios que a ajudam a identificar a essência dessas energias na sua vida diária e a trabalhar com elas. As sete deusas deste capítulo estão aqui para ajudar a despertar a energia, a ativá-la e a direcioná-la para outras qualidades ou aspectos do "eu" que estão latentes. Para invocar as deusas, você só precisa dizer seus nomes. A consciência da diversidade delas lhe permitirá escolher a partir de uma paleta de opções.

Neste capítulo, você será iniciada nas sete deusas da mitologia grega. Durante o primeiro seminário sobre a Mulher Emergente que ministrei em conjunto com Carol Ann Bush, terapeuta com formação em Imaginação Orientada e Música, introduzimos cinco deusas. Mais tarde, aumentamos o número de deusas para sete. Quando saiu o livro de Jean Shinoda Bolen, *Goddesses in Everywoman*, ficamos muito surpresas e, ao mesmo tempo, encantadas ao descobrir que ela estabelecera os mesmos sete arquétipos. O sincronismo é fantástico!

Recomendo que você leia *Goddesses in Everywoman* e que o use como livro de referência para compreender os arquétipos das deusas. É o trabalho mais completo no assunto que conheço. O enfoque deste capítulo está em oferecer um pequeno esboço de cada deusa e em sugerir técnicas experimentais para ativar as energias das deusas.

Da mesma forma que os quatro elementos descrevem qualidades que podem ser mais bem expressas por meio de símbolos, as imagens das deusas nos oferecem formas de estabelecer contato com outras dimensões do "eu" interior, que são sentidas ou percebidas mas não são facilmente articuladas. Cada um representa um padrão feminino diferente. As mulheres têm dentro de si um ou mais desses padrões ou arquétipos.

A palavra *arquétipo* é um termo usado para designar os padrões que formam as forças interiores que existem dentro de todas nós. Eles são inerentes à nossa natureza verdadeira, mesmo que não sejamos plenamente conscientes deles. Quando olhamos para os arquétipos representados pelas deusas e vemos suas formas como os antigos as viam, temos um ponto de referência para entender o que está vivo, o que está latente, o que está adormecido e o que está ativo dentro de nosso poder feminino. As deusas podem ser aliadas ou obstáculos; para cada deusa existem tanto um componente negativo quanto um positivo. Quando conseguimos "dar nome" à deusa, conseguimos invocar o seu poder e a sua proteção.

Na qualidade de arquétipos, as deusas expandem o nosso conceito do que é feminino. Como um panteão, elas contêm e expressam todas as qualidades que rotulamos como "masculinas" ou "femininas". Em vez de se limitarem aos modelos culturais do que significa ser uma mulher, as deusas nos apresentam uma variedade de opções e inúmeros exemplos de como expressar diferentes energias.

À medida que for lendo sobre esse panteão de deusas, esteja ciente de que em diferentes estágios de sua vida, diferentes arquétipos podem emergir ou ser despertados. Na adolescência, por exemplo, quando há a explosão de hormônios a menina fica "louca por meninos", pode surgir Afrodite. Para uma mãe recente, segurar o recém-nascido indefeso em seu colo despertará Deméter. Mais tarde na vida, quando há a síndrome do "ninho vazio", pode-se tornar ativo o arquétipo de Atenas ou de Ártemis. Margaret Mead chama isso de Entusiasmo Pós-menstrual. Essas são as mulheres que voltam para a escola, arrumam um emprego ou que perseguem novas carreiras. Atenas ou Ártemis podem iniciar o zênite de suas vidas. O arquétipo Hera pode se perguntar qual é o motivo para tanto alvoroço; ela sem dúvida prefere ficar ao lado de seu parceiro. Mas, para uma mulher que tem um forte componente de Perséfone, o outono da vida pode ser devastador. Ela pode se apegar desesperadamente à juventude e hesitar em invocar a alegria da mulher madura.

O mais interessante a respeito da identificação com essas deusas é que, embora cada uma de nós normalmente tenha um arquétipo dominante, quanto mais conscientes nos tornamos, mais arquétipos podemos despertar.

À medida que for lendo este capítulo, perceba com quais tipos de deusa você se identifica. Qual deles você precisa invocar para se tornar mais integrada? Há poder em "dar nome ao nome" para invocar e fazer fluir uma energia.

Lembramos como era simples, quando crianças, nos transformarmos no que imaginávamos: heroínas, rainhas, Mulher Maravilha, Cinderela, Florence Nightingale, médica, advogada, astronauta. Fazíamos isso naturalmente. Quando adultas, às vezes temos de reaprender o que antes era espontâneo. O mesmo princípio se aplica ao trabalho com a energia da deusa. A energia pode ser invocada se soubermos qual é o seu nome.

O movimento para dentro e para fora dos arquétipos torna-se parte de um requintado ritmo natural. Quando nosso filho entra no quarto, é despertada a Mãe Terra Deméter. Voltamos para nossa escrivaninha e lidamos com nosso talão de cheques e invocamos a praticidade e a sabedoria da consciência de Atenas. O telefone toca e um amigo está com um problema. Invocamos Héstia, a mulher onisciente, que ouve, que aconselha. Temos tudo isso dentro de nós. À medida que nos abrimos para as possibilidades de nos tornarmos providas de poder pela força de nossa feminilidade, percebemos que há muito mais em ser uma mulher do que sempre imaginamos.

As Deusas Virginais: Ártemis, Atenas, Héstia

As Deusas Virginais são auto-suficientes. Elas não têm, necessariamente, que ter um relacionamento com um homem para serem completas. Virginal, nesse sentido, não significa, necessariamente, pura. A conotação é a de bastar-se a si mesma, em vez de precisar pertencer a outro.

Ártemis — deusa da direção

VITAL, COM MOVIMENTO RÁPIDO, ILIMITADA, ATENTA, LIVRE, FEROZ, SÁBIA, SUPRANORMAL, INDEPENDENTE, CORAJOSA, ATLÉTICA, DETERMINADA

Ártemis é uma mulher de muita energia e vigor. Ela é representada como a deusa da caça, vestindo uma túnica e carregando um arco de prata. Deusa das coisas selvagens, da natureza e da vitalidade, ela se deleita com as aventuras e com os amores para viver a vida em seus limites. Há uma sensação de grande liberdade ao seu redor. Nunca tente dizer a ela o que fazer!

Hoje ela pode ser encontrada na jovem mulher vestida com *jeans* e mochila nas costas. Ama a natureza e é uma exploradora de lugares desconhecidos, dentro e fora de si mesma. Deusa da lua, Ártemis ama em silêncio e solidão e vai até o fundo das coisas. Mantém-se naturalmente em harmonia com o seu "eu" interior. Sua sabedoria desenvolve-se por causa de sua natureza independente e de sua solidão. Conhecida como a deusa da irmandade, suas amizades principais são com mulheres. Ela pode ter vários encontros com homens, mas são mais aventuras do que relacionamentos sérios.

Uma Ártemis negativa pode ser fria demais e pode tender a rejeitar relacionamentos masculinos íntimos. Seu medo é ficar muito ligada ao homem e perder a própria liberdade.

O espírito de Ártemis

Uma vez uma mulher com uma forte energia Ártemis veio da Holanda para me visitar. Estávamos caminhando na praia. Fazia um pouco de frio — mais ou menos 7° — e algumas pessoas estavam agasalhadas e se curvavam contra o vento. De repente, espontaneamente, essa Ártemis ficou nua e mergulhou nas ondas. Enquanto isso, eu e os outros espectadores assistíamos a tudo aquilo com espanto. Eu tremia só de olhar para ela. Depois de alguns minutos, ela saiu totalmente refrescada pelo banho de mar, vestiu suas roupas novamente e continuamos nossa caminhada pela praia.

Uma outra mulher Ártemis passou um semestre inteiro na faculdade, feliz da vida, plantando árvores doze horas por dia, a única mulher numa classe de homens. Ela adorou cada minuto disso. A mulher Ártemis fica muito feliz com calos nas mãos e um pouco de sujeira nas calças *jeans*.

Atenas — deusa da consciência

ALTA, ELEGANTE, EXPRESSIVA, EQUILIBRADA,

INOVADORA, PRÁTICA, SÁBIA, PERSPICAZ,

UMA VISIONÁRIA, UMA LÍDER, UMA ARTESÃ

Atenas é uma mulher magnífica, dotada de coragem e talento. Clareza de espírito, sabedoria e idéias inovadoras são seus atributos principais. Deusa da criatividade, cultura e consciência, ela gosta de iniciar as idéias e pode orquestrar coisas. É uma artesã, uma tecelã que sabe como as coisas se ajustam. É a energia que motiva, a voz que diz "venha, vamos em frente!" Atenas não a deixará presa em lugares escuros. Visionária, ela não gosta de lidar com coisas insignificantes. Seu interesse é despertado por assuntos de grande importância. Se houver um homem em sua vida, ele geralmente é um mentor ou um professor para ela. Ela não se relaciona com homens fracos. Ao contrário, ela quer alguém para competir com seu próprio poder. Ao mesmo tempo, Atenas pode ajudar a despertar a própria capacidade heróica de um homem.

Talvez sua maior qualidade seja o fato de ela poder ser direta, dizendo o que precisa ser dito ou expresso. Ela fala por muitos; é uma porta-voz para a coletividade.

Uma Atenas negativa pode ficar envolvida demais na sua missão. Ela perde sua leveza. Pode-se tornar brigona demais. Os cuidados com seu corpo e com sua delicadeza ficam em segundo plano.

O espírito de Atenas

Atenas nasceu "da cabeça" de Zeus. Ela é, definitivamente, a filha de seu pai, extremamente fiel a ele e a todos os homens poderosos em sua vida. Na mitologia romana, quando Aracne ousa tecer uma tapeçaria que revelaria as indiscrições de Zeus, Minerva (Atenas, na mitologia romana) a rasga e transforma Aracne numa aranha; assim ela terá mais cuidado com o que tecerá no futuro. Embora as indiscrições de Zeus sejam conhecidas por todos, Minerva é obstinadamente fiel. Não importa se a tapeçaria de Aracne revela a verdade!

Bella Abzug, Indira Ghandi e Margaret Thatcher são mulheres Atenas, bem conhecidas no mundo político. Shirley Maclaine, outra mulher Atenas, tornou-se conhecida num campo completamente diferente. Shirley tem uma abordagem visionária da vida e tornou públicas suas crenças e experiências com o Espírito Maior, enquanto punha sua reputação e carreira "em risco". Ela é uma porta-voz da consciência mais elevada de nossos tempos.

Héstia — deusa da lareira

SERENA, INTROSPECTIVA, TRANQÜILA, HARMONIOSA, SERVIL, SÁBIA, RETRAÍDA, BOA, COMPREENSIVA, PROFUNDA

Nos mitos, não há uma imagem específica para Héstia. Existe uma boa razão para isso. Héstia é mais sentida como uma *presença*. Ela é a mulher sábia, a velha intuitiva. Sua sabedoria vem da experiência e da paz interior. É uma mulher que valoriza as tarefas simples. Se você a encontrar na cozinha assando pão, a verá cantando alegremente. Há um ritmo calmo em sua vida. Ela encontra o extraordinário no ordinário.

Embora possa ser casada, a mulher Héstia gosta de solidão e não tem a menor preocupação com nome, posição social ou fama. Ela inspira confiança, é bondosa, solícita e atenciosa. Não precisa de palavras para transmitir sua compreensão da vida. Você pode sentir isso ao ficar com ela. Essa qualidade pode ser transformadora. São necessários anos de desenvolvimento interior para se alcançar esse tipo de profundidade.

Por causa de sua paz interior, são poucas as suas características negativas. Uma Héstia negativa pode ficar tão fechada na sua solidão que ela não consegue fazer nem o suficiente por si mesma. Ela pode não entrar na vida o suficiente para vivê-la plenamente. Se se torna muito retraída e isolada ou satisfeita na sua paz, ela pode não conseguir se levantar a tempo quando precisar.

O espírito de Héstia

Certa vez, tive um papel menor numa versão de teatro amador de *O som da música*. Para assegurar que nossas roupas eram exatas, pedimos a várias freiras que nos ajudassem a vestir adequadamente nossos hábitos. A freira que me ajudou tinha olhos incríveis. Quando olhou para mim, senti que ela estava olhando tudo, até a ponta dos pés. Seus olhos eram realmente as janelas da alma. Através deles ela passava um sentimento de amor e paz, de alma.

No sentido global, Madre Teresa é a encarnação de Héstia. Ela está em profunda harmonia com o âmago do espírito feminino, e é nessa sintonia que ela recebe a orientação direta da Santa Mãe. Certa vez, quando uma guerra civil estava devastando o Líbano, ela pediu permissão às autoridades para ir até lá e salvar as crianças feridas e esquecidas. As autoridades lhe disseram que era impossível entrar sem um cessar-fogo e a possibilidade de que isso acontecesse era remota. "Tudo bem", respondeu Madre Teresa. A Santa Mãe Maria havia lhe dito que iria haver um cessar-fogo no dia seguinte — e houve!

As Deusas Vulneráveis: Hera, Deméter, Perséfone

Essas deusas não são auto-suficientes. Elas precisam de um relacionamento para ser completas.

Hera — Deusa da lealdade

MATRIARCA, EMPENHADA, FIRME, BRIGONA, POSSESSIVA, LEGALISTA, TALENTOSA, RESPONSÁVEL

Hera é um arquétipo poderoso. Uma parceira dedicada ao marido e freqüentemente o poder atrás do trono, Hera nos ensina o que deve ser feito num relacionamento. Você pode confiar num arquétipo Hera para fazer o que ela disser. Ela é responsável e cumpre seu dever. Muitas instituições, escolas, igrejas e hospitais estariam perdidos sem ela.

Hera nunca pensaria em se identificar como "senhorita". Ela é sempre uma "senhora". Para ela não é sacrifício anular sua individualidade e identificar-se totalmente com o nome e a família do marido. Seu poder está num forte papel de apoio. Ela é um pilar de força e dependência e pode educar uma prole criativa.

A Hera negativa pode ser inflexível, rígida, brigona e legalista. A tensão para ser "Sra. Fulana" pode ser aterradora! Ai daquele que contrariar seu marido! Ela é totalmente leal e ciumenta.

Quando a vida impõe a algumas mulheres o papel de Hera, elas consideram isso devastador. Ser uma pessoa que apóia soa como sacrifício e pode levá-las à depressão, às drogas ou ao álcool. E pobre da mulher Hera que descobrir que seu marido foi infiel ou quer se separar. Essas notícias poderiam ser devastadoras, pois sua identidade depende muito dele.

O espírito de Hera

Jean é mulher de um diplomata. Teve câncer quando ela e o marido estavam na África. Teve de ir à Inglaterra para fazer a cirurgia e seu marido não pôde acompanhá-la ao hospital por causa de sua agenda e suas responsabilidades. Na época, ela aceitou o fato de ele não estar lá para apoiá-la em respeito às suas outras obrigações. Sua identidade estava tão ligada a seu papel de mulher de apoio que ela achava que seus sentimentos e necessidades pessoais não contavam. A carreira do marido era mais importante que tudo. Anos mais tarde, quando o câncer reapareceu, ela teve contato com sua própria raiva por ter tido tão pouca prioridade na vida dele.

Deméter — deusa mãe terra

ABUNDÂNCIA, PROSPERIDADE, ACALENTO, CARINHO,
COMPASSIVA, SENSÍVEL, FIRME, FORTE,
DEDICADA, POSSESSIVA, PROTETORA

Na mitologia, Deméter é celebrada como a mãe que não pára de sofrer enquanto não recuperar a filha perdida. Ela vai a qualquer lugar para tê-la de volta, até mesmo aos infernos. Para Deméter, a vida não está centralizada no marido, mas nos filhos ou quem quer que ela chame de filhos. Seu principal poder é dar à luz e alimentar. Quanto aos filhos (sejam eles filhos de sangue ou alunos, pacientes etc.), a criatividade de Deméter é enorme. Seu acalento e seu carinho são especiais. Ela sabe quando dar a mão ou afagar e quando intervir e agir. Tem uma intuição certeira; seu senso de oportunidade é perfeito. Tem uma capacidade natural de amar e aceitar as crianças como elas são, o que lhes dá enorme autoconfiança. É o dom mais poderoso de todos!

As mulheres Deméter estão freqüentemente nas profissões assistenciais, como enfermeiras, parteiras, professoras e terapeutas. Elas entendem bem os ciclos de vida e morte e podem ajudar as pessoas a entrar e sair da vida. Deméter aplica suas qualidades acolhedoras no local de trabalho e, por esse motivo, para ela, a aposentadoria é emocionalmente difícil.

Para uma Deméter negativa, a coisa mais difícil é separar-se de seus filhos. "Qual é o problema com o meu filho? Ele não telefonou hoje! Ele e sua mulher deveriam vir jantar no domingo." E assim por diante!

O espírito de Deméter

Uma vez tive o privilégio de visitar o Hospício de St. Christopher, além de Londres, a primeira experiência em assistência para doentes mentais na Inglaterra. A mulher que nos acompanhou na visita naquele dia era um encanto. Tinha quadris e seios grandes e um sorriso largo e sincero. Suas feições eram tranqüilas, seus olhos e espírito, serenos e amorosos. Sentia-se segurança só por estar com ela. Quando eu morrer, pensei, como seria reconfortante ter alguém como ela ao meu lado.

Perséfone — deusa do subconsciente

JUVENIL, ABERTA, RECEPTIVA, SUBMISSA, INDECISA, VULNERÁVEL, SINCERA,
INSEGURA, CONFIANTE, MÍSTICA, PODEROSA, COMPREENSIVA

Perséfone é a filha de Deméter. Ela é a virgem juvenil que pode amadurecer e se transformar na "Rainha dos Infernos". A princípio ela é a criança de sua mãe. Seu relacionamento mais íntimo é com a mãe, não com o pai. Freqüentemente, o pai fica ausente durante seu crescimento ou está em casa só de vez em quando. Tipicamente, Perséfone é a filha única que continua sendo eternamente a garotinha juvenil.

Há um componente passivo em sua personalidade que diz: "Diga-me quem eu deveria ser." Isso é especialmente dominante durante a adolescência de uma mulher Perséfone. Durante esse período, ela pode ficar insegura quanto à sua auto-estima e ter uma visão limitada de si mesma. Mulheres que continuam no padrão Perséfone tendem a se vestir como garotinhas durante muito tempo. Freqüentemente, elas têm um aspecto juvenil. O charme da mulher Perséfone está na sinceridade e na vulnerabilidade semelhantes à de uma criança. Sua inocência, acolhimento e vulnerabilidade são atraentes e conferem poder aos homens.

Um outro lado de Perséfone é a sua capacidade de entrar nos domínios do subconsciente. Sonhos, imaginação e devaneios são muito familiares para ela, e ela os usa com grande habilidade. À medida que amadurece, ela passa pelo processo de confrontar-se com a própria sombra. Quando encara seus medos, ela é um guia para as outras pessoas, ajudando-as a passar pelos seus lados sombrios. Ela esteve lá, passou por lá, por isso pode ajudar os outros. Em vez de continuar sendo uma garotinha, Perséfone torna-se a indomável "Rainha dos Infernos".

Uma Perséfone negativa fica presa na "garotinha". Ela não sabe quem ela é. Não tem consciência das próprias vontades e forças e não se compromete com um relacionamento, um trabalho nem com qualquer outra coisa. Nada parece real para ela. É como se estivesse esperando que Zeus descesse. "Quando minha vida vai começar?", é sua pergunta queixosa. Como ela está tentando encontrar alguém que a aceite, ela começa e termina relacionamentos, um depois do outro. As mulheres Perséfone podem sofrer maus-tratos razoavelmente brutais de homens. Elas sempre atraem homens que as desvalorizam. Freqüentemente, elas sofrem abusos físicos e são oprimidas emocionalmente. Do que elas precisam para aprender com isso? Valorizar a si mesmas!

O espírito de Perséfone

Era uma vez uma princesa, e ela estava muito triste. Tinha perdido sua bola de ouro. Um sapo horrível dirigiu-se a ela muito excitado e disse-lhe que encontraria sua bola de ouro, mas, em troca, ela deveria fazer duas coisas para ele. Eles deveriam jantar juntos naquela noite e depois ela deveria dormir com ele.

Seu desejo de recuperar a bola de ouro era tão grande que a princesa concordou com os termos do acordo sem hesitar. Em pouco tempo o sapo voltou com a bola de ouro e, naquela noite, à hora do jantar, o sapo voltou. Eles jantaram juntos e depois o sapo se referiu à outra parte do acordo — ela iria dormir com ele. Mas a princesa se recusou. Indignada, ela agarrou o sapo libidinoso e o atirou contra a parede com toda a força. O sapo tornou-se um belo príncipe.

A mulher Perséfone é insegura e geralmente se submeterá a qualquer tipo de autoridade ou aceitará qualquer tipo de homem que a acompanhe e continuará a ter relacionamentos conturbados.

No mito, a bola de ouro é um símbolo do seu "eu" verdadeiro, da sua totalidade, que se perde. O sapo é a parte feia do "eu" à qual ela deve ser suficientemente enérgica para dizer "não" de forma definitiva. A transformação não se dará sem isso! Quando ela finalmente diz "não" ao sapo, ela ganha o príncipe. O príncipe pode ser literalmente um novo arquétipo de masculinidade, que ela agora vai atrair à sua vida. Ou pode ser que, por causa da força e confiança recém-descobertas, o sapo em sua vida agora seja um verdadeiro príncipe.

Tanto Virginal como Vulnerável

Afrodite — deusa do magnetismo e da sexualidade

INSTINTIVA, MAGNÉTICA, SEDUTORA, SENSUAL, ENÉRGICA,

FASCINANTE, ALEGRE, MANIPULADORA, RUDE, CRIATIVA, ARDENTE

Afrodite, a mais antiga das deusas, é aquela que desperta. Ela dá vida e rejuvenescimento. É a energia da sexualidade pura. Quando uma Afrodite tem uma união com um homem, ela pode levá-lo ao êxtase verdadeiro. Instintiva, magnética e sensual, é movida por forças profundas que existam dentro dela. Dotada de instintos muito aguçados, Afrodite conhece as coisas com firmeza, e geralmente está certa. Enquanto algumas mulheres ficam tentando se igualar aos homens, ela não trocaria sua feminilidade por nada no mundo! Ela gosta da beleza e do próprio corpo. Irremediavelmente romântica, ela se deleita com o papel de casamenteira.

A Afrodite negativa pode enfraquecer os homens, deixando-os impotentes. Tendo provado a ela mesma que pode possuí-lo, o homem que ela diz amar pode ser posto de lado. Então, ela termina o relacionamento. Os homens são muito importantes para ela, e ela nem sempre se importa com quem é o marido ou o namorado que é objeto de sua atenção. Os tipos de homens atraídos por Afrodite em geral são valentões ou jovens bonitos e emocionalmente "estropiados", que não amadureceram totalmente. Se ela tiver talento, pode até mesmo desistir desses para se casar com um homem que não é nem um pouco digno dela. A união com um homem pode se tornar uma obsessão para ela, e este freqüentemente é o principal interesse da sua vida.

O espírito de Afrodite

Certa vez, enquanto fazia uma conferência sobre os arquétipos da deusa, observei uma mulher no fundo da sala que riu, reconhecendo-se, quando comecei a falar sobre Afrodite. À medida que descrevia os atributos de Afrodite, a mulher continuava sorrindo largamente e fazendo sinais com a cabeça, concordando. "Essa mulher não é de maneira alguma um arquétipo de Afrodite", pensei. "Talvez eu não esteja sendo clara."

Mais tarde, durante a conferência, tivemos a oportunidade de ir almoçar num restaurante. Descobri quanto tinha errado a respeito dela. Fisicamente, parecia que seu corpo não era importante. De acordo com sua própria descrição, ela era baixa e desproporcionada, não o tipo de uma Afrodite. Mas tinha um espírito vivaz e, o mais importante, ela gostava do próprio corpo. Logo isso se tornou óbvio, pois ela também sabia como fazer com que os homens se sentissem bem com relação a si mesmos. Os garçons não podiam deixar de prestar muita atenção a ela. Ela recebia olhares furtivos dos homens nos vestiários e na rua. Ela sorria para estranhos sem nenhuma razão aparente. Ela tinha "aquilo" — o espírito de Afrodite!

As Deusas Espelham a Natureza Feminina

Em nossa busca de identidade e sentido, as deusas podem tornar-se nossas principais aliadas sobrenaturais. Reserve um tempo para rever essas deusas. Observe que tipos e tendências são mais parecidos com os seus. Quais deles têm poder e qualidades que você precisa reivindicar para a sua totalidade?

Os processos a seguir a ajudarão a invocar a ajuda das deusas.

A Deusa do Devaneio

Dentro de cada uma de nós há uma representação do espírito feminino. A imagem interior não é, necessariamente, um dos sete arquétipos principais, mas é nossa própria mulher interior.

Essa experiência é uma forma de entrar em contato com ela.

Comece com uma música relaxante, de meditação, tocando suavemente ao fundo.

Deite-se no chão ou sente-se com a coluna reta. Faça algumas inspirações profundas. Entre em sintonia com o seu corpo. Observe onde está a sua tensão e em que parte você se sente confortável.

Concentre-se primeiramente no rosto. Depois, nas áreas atrás do rosto. Inspire profundamente. Sinta a liberação do *stress* e da tensão. Observe em que parte do seu corpo há rigidez. Fale com essas partes. Diga-lhes que relaxem. Concentre-se novamente em sua respiração. Ligue-se à sua respiração, inspirando e expirando, lentamente. Fique quente, pesada. Continue respirando de modo lento e ritmado.

Deixe que a música a leve para fora da realidade. Caminhe por uma grande campina aberta... Sinta o movimento enquanto caminha... Inspire o ar fresco a sua volta... Observe o céu claro acima... ouça o som distante de um pássaro solitário... A brisa está soprando calmamente sobre a sua pele.

Ao longe, do horizonte eleva-se uma montanha... Você se sente atraída para essa montanha. Comece a caminhar rumo ao pé da montanha. Lá há uma trilha em espiral, tortuosa. Entre nessa trilha...

Quando começar a subir... repare no verde exuberante. Respire o ar puro, o ar fresco da montanha. Sinta a alegria à medida que for subindo cada vez mais alto... que se aproximar cada vez mais do pico...

Observe e caminhe... suba cada vez mais alto... Agora você está no topo da montanha. Note uma caverna lá. Aproxime-se e entre na caverna... Abaixe a cabeça e entre...

À medida que vai entrando, você é cumprimentada por um grupo de moças virgens, vestidas de branco. Observe que, enquanto elas a cumprimentam, a estão levando para o meio delas. Ouça suas delicadas vozes quando cantam...

Você tem a sensação de que esse é um tempo de preparação. Você está sendo preparada para encontrar sua própria deusa.

Uma das mulheres lhe dá uma rosa branca e você é levada para a borda de uma piscina de água clara e cristalina... Você entra na água com a rosa na mão. A água está suave, tépida. A água a refresca, e você começa a nadar naturalmente, graciosamente...

Tome fôlego e mergulhe. Conscientize-se das cores e formas que vê enquanto desliza silenciosamente pela água...

Perceba uma forte luz acima da superfície. Você é atraída para essa luz. Nade em direção à superfície, em direção à luz. Agora, com muita energia, tire a cabeça da água. Inspire bastante.

Agora, você está na borda da piscina. Esteja ciente da presença ou da forma de alguém que está em pé à sua frente. Olhe para o chão e veja os pés dela.

Que formato eles têm? Veja os sapatos dela. Ela está descalça? Esses são os pés da sua deusa, que está esperando por você. Agora, deixe que seus olhos se elevem lentamente para o corpo dela, observando a roupa, sua textura, na forma e cor. Eleve-os para a parte superior do peito, para os braços, pescoço e, por fim, observe o seu rosto. Observe as feições de seu rosto. Que sentimento ela transmite a você?

Fiquem em pé juntas ou sentem-se confortavelmente na borda da piscina. Encontre um lugar tranqüilo para ficar com ela. Passe algum tempo com a sua deusa. (Geralmente, dois minutos.)

Nesse momento, como é ser mulher, na sua opinião?

Sua deusa tem um presente para você.. Receba-o agora, seja o que for.

Despeça-se dela. Volte para a água... nade com vigor. Você se sente renovada, fortalecida. Sinta que tipo de mulher você é...

Saia da água e vá para fora da caverna... Você começa a descer a trilha em espiral, sinuosa, tendo a sensação de ter feito uma profunda ligação com sua mulher interior.

Veja-se no pé da montanha. Caminhe pela grande campina aberta... então volte para o quarto e comece a resgatar a experiência que trouxe com você...

Uma carta para a minha deusa

Neste exercício, simplesmente remeta uma carta para a deusa que você deseja contatar e comece a se comunicar com ela. Faça perguntas, peça conselhos, partilhe seus pensamentos e preocupações e ouça as respostas. Esse exercício é quase infalível no que concerne a entrar em contato com a sua mulher interior!

Norma veio até mim para uma sessão de terapia, extremamente excitada. Nunca a tinha visto tão alegre. Ela estava usando um elegante vestido azul-claro, e um lenço rosa vibrante em volta do pescoço, com um drapeado bem solto. Custei a acreditar que aquela era Norma! Professora universitária, até então ela viera às sessões vestida em roupas de cor bege e marrom. Que mudança excepcional!

Com um largo sorriso, ela pegou a bolsa, tirou seu diário e começou a virar as páginas alegremente.

— Escrevi para Afrodite — disse. Suas sobrancelhas se ergueram. — E obtive respostas — declarou. — Perguntei a Afrodite o que eu deveria usar, e ela disse que deveria usar cores vibrantes. Perguntei-lhe se ela queria fazer compras comigo, e ela disse que sim. Na verdade, ela me ajudou a escolher estas roupas! — Norma deu um sorriso delicioso. Foi um prazer sentir como aquilo era divertido para ela! Norma era uma mulher que estava progredindo na carreira, graças a uma altíssima formação acadêmica. Agora ela estava se descobrindo e vivendo uma dimensão completamente nova do seu ser!

Ela se referia a várias cartas, uma depois da outra, descrevendo pequenos episódios com Afrodite. — Pela primeira vez na minha vida estou realmente gostando de ser mulher! E eu adoro o meu corpo. — Nesse momento, seus olhos se encheram de lágrimas quando ela descreveu uma carta que escrevera para Héstia, pedindo a sabedoria do espírito feminino.

— Meu irmão e eu resolvemos nossas diferenças — disse. Eu não poderia ter feito isso sem a ajuda da deusa.

Norma estava descobrindo uma nova alegria de ser mulher. Essa alegria estava sendo vivida em muitas áreas da sua vida.

Ritual para Invocar a Energia da Deusa

Passo 1. Dê nome à situação

Identifique uma situação na sua vida que não está dando certo. Anote-a no seu diário ou descreva-a para um amigo.

Passo 2. Rejeite o falso poder

Afirme que você não quer mais que essa situação domine a sua vida.

Passo 3. Substitua o falso poder pelo poder real

Fique em silêncio por um momento e reconheça o Poder Maior que está com você. Escolha uma energia especial da deusa de que você precisa para trazer energia nova e uma outra perspectiva para uma situação.

Visualize essa deusa em particular em ação. O que ela diria? Como agiria? Qual seria a perspectiva dela na situação? Como ela lidaria com as coisas?

Ou, se preferir:

No seu diário, anote a resposta que é dada pela deusa.

* * * *

À medida que esse processo se tornar familiar, você poderá seguir esses passos rapidamente na sua mente durante uma situação de impasse e visualizar sua deusa em ação.

Em muitas tradições, o ritual, o símbolo e a cerimônia são uma parte da trajetória espiritual. As mulheres, particularmente, reagem à vida simbólica. Imagens de totalidade feminina nos movem para nosso espaço não-verbal mais profundo, mais sagrado.

Seja uma mulher sábia e crie seus próprios rituais, símbolos e cerimônias significativas à medida que explora o poder da deusa!

Talvez o conceito mais errado
que temos sobre o amor é o de que alguém,
ou alguma coisa, deve dá-lo a nós.
E assim nos vestimos para consegui-lo, decoramos
nossa casa para consegui-lo, mandamos nossos filhos
para certas escolas para consegui-lo,
nos associamos a clubes de que não
gostamos porque o queremos
e escolhemos profissões e carreiras
que prometem consegui-lo para nós.
Deixamos que outras pessoas determinem
como e quando teremos amor,
ou até mesmo se o teremos.
A única maneira de ter
todo o amor de que necessitamos é amar
a nós mesmas. Decidir amar
quem somos talvez seja a decisão
mais importante jamais tomada.

6

O Amor-Próprio
Vem em Primeiro Lugar

Quando deparei com o público, ao fazer uma das minhas primeiras conferências públicas, há aproximadamente dez anos, fiquei surpresa ao perceber como era fácil e natural. Dois dias antes, Peter me pedira, muito inesperadamente, para substituir um dos oradores no seminário do fim de semana em Houston, Texas. O assunto era "Sonhos". Esse pedido me aterrorizou. Fiz tudo para recusar. Eu simplesmente não me sentia pronta ou suficientemente preparada. Não tinha um esboço; não tinha nada anotado.

— Vá em frente — estimulou Peter. — Você está pronta. — Quase recuei. Agora estou feliz por não ter feito isso. Eu estava gostando muito da experiência. Meu tremor, devido ao nervosismo, acabara, e mesmo o nervosismo diminuíra. Eu estava me sentindo confiante e capaz, sentando-me de uma forma relaxada num banco, partilhando experiências e processos de sonhos com uma platéia calorosa e atenta.

Quanto mais eu falava, mais relaxada ficava. No meio da apresentação, Peter, calma e discretamente, entrou furtivamente e sentou-se num banco no fundo da sala.

Eu não esperava que ele fosse! Fiquei atordoada.

Todas as minhas dúvidas vieram à tona. O que eu tinha para dizer sobre sonhos em comparação com ele? De repente as palavras que tinham fluído tão naturalmente tornaram-se pesadas e sem vida.

O que ele estava achando? Ele estava avaliando o meu desempenho? O resto de minha autoconfiança estava perdido; todas as dúvidas que eu sempre tive a respeito de mim mesma criaram nova vida. Eu me afundei no banco. Era como se eu fosse vomitar. O que tinha dado em mim para achar que eu era uma autoridade em sonhos? (Uma amiga mais tarde me disse que eu fiquei muito pálida, com aparência de abalada! Na verdade, ela pensou que momentaneamente eu sentira uma indisposição qualquer.)

De repente, minha agonia terminou num segundo. Eu estava olhando para mim mesma de cima do auditório. De alguma forma eu tinha saído do corpo. Estava suspensa, olhando para mim mesma empoleirada no banco. Mas eu estava no teto, no fundo da sala.

Daquela perspectiva, tudo era diferente. O medo e a confusão tinham-se dissipado. Foi um momento interminável de paz total. Como pareciam diferentes a sala e as pessoas desse ponto de vista. Fui envolvida pelo amor. Só pude ver amor e luz em cada uma das pessoas. Dali, Peter não era mais importante do que os outros. Todos nós éramos semelhantes, todos iguais.

Havia uma sensação de profunda paz. Não havia julgamento nem comparação. As palavras que vieram foram: *Não importa se você faz bem-feito ou não. De qualquer maneira, você é amada.*

Assim, abruptamente, eu me vi sentada novamente no banco, de frente para a platéia, sem nenhum medo. Eu havia esquecido tudo o que dissera momentos antes. Estava completamente desligada da minha linha de pensamento anterior. "Se alguém fizesse uma pergunta... eu poderia retomar o fio da meada..." Nesse exato momento, um homem da fileira da frente levantou a mão, como se tivesse ouvido o meu apelo não-expresso.

Toda essa experiência se deu num abrir e fechar de olhos, em questão de segundos, mas seu impacto foi profundo.

Nessa experiência fora do corpo, tão curta, intensa e viva, toda a minha perspectiva de amor mudou. Até então, eu havia acreditado que amor era algo que eu tinha de conseguir praticando boas ações ou sendo atraente, inteligente ou dependente. O amor era algo que só acontecia a pessoas que se esforçavam muito para conquistá-lo, tendo de provar, depois, que eram merecedoras dele. Parecia que o amor era distribuído e não havia o suficiente para todos.

Aquele momento foi uma experiência da Graça. Eu não o mereci. Não me esforcei para isso. Por alguma razão inexplicável, foi um presente dado de graça. A partir desse momento eu soube, sem sombra de dúvida, que o amor não é algo que temos de merecer, mas, sim, algo que descobrimos e acolhemos. E não precisamos ficar "fora de nosso corpo" para descobrir isso. Ele está sempre conosco. É a essência do nosso ser, é tudo o que somos, é o nosso verdadeiro "eu".

Nosso Maior Desafio

Para receber todo o amor, apoio e carinho que desejamos, só temos de tomar uma decisão. Essa pode ser a decisão mais importante da nossa vida.

A decisão é amar a nós mesmas e amar tudo o que somos.

Expondo as coisas "feias"

Uma das alegrias especiais da minha vida se deu no ano em que trabalhei com o programa CETA, ajudando mulheres que estavam tentando ter alta da Assistência Social. Planejei e ensinei uma série de programas. Aquele de que mais gostei trabalhava com a auto-estima. A maioria das mulheres era negra e sem cultura. Elas tinham tão pouco e, ao mesmo tempo, tinham tanto! Muitas eram mães solteiras que criavam seus filhos por sua própria conta. Freqüentemente, não sabiam de onde viria a próxima refeição. O que elas tinham, no entanto, era uma alegria natural e uma aceitação da vida.

Assim que sentiram que eu estava cuidando delas, elas abriram seus corações. O medo que eu sentia de não ser aceita porque eu era branca, culta e "privilegiada" acabou rapidamente. Quando começaram a trazer os desenhos de seus filhos para me mostrar, eu soube que fazia parte "do grupo". Havia convites para casamentos, chás de cozinha, formaturas e funerais. Elas me deram o privilégio de partilhar suas vidas.

Um dia, Beatrice, uma jovem negra que normalmente era alegre e sorridente, veio ao meu consultório e perguntou se podia se sentar e conversar.

— Claro, Beatrice — respondi. — Qual é o problema?

Ela se sentou na cadeira em frente da minha escrivaninha e deslizou a perna para a frente.

— Você já percebeu que eu estou sempre de calças compridas?

Eu tinha observado que ela nunca usava saia, mas nunca tinha pensado no porquê disso. Com alguma relutância, ela explicou:

— Quando era pequena e morava na Jamaica — disse — eu caí e machuquei muito seriamente a minha perna. Não havia médicos na minha cidade, e a perna nunca sarou direito. — Ela apontou para sua panturrilha. — Há um buraco aqui, é a minha coisa "feia". É muito feio e tenho medo de que as outras meninas riam de mim se eu mostrar minhas pernas.

Fiquei muito tocada com seu dilema de consciência. Na época, eu estava tentando esconder as coisas "feias" de mim mesma. Minha vida estava muito confusa. Minha separação tinha ocorrido há apenas duas semanas e eu ainda estava lutando com a dor, o sofrimento, a culpa e todas as outras incertezas que advêm de um grande transtorno como esse. E no entanto, para Beatrice, eu era um modelo de autoridade e eficiência!

— Beatrice — perguntei —, o que você diria se eu lhe contasse que sempre quis usar saias e *shorts*, mas tenho medo de que os outros riam de mim por causa de um buraco feio na minha perna?

Beatrice encolheu os ombros. — Bom, eu diria que você é louca — use-os mesmo assim! — De repente, seus olhos se iluminaram quando percebeu o que tinha dito. Ela se rendeu com um de seus sorrisos contagiantes. Como era fácil aceitar e amar as coisas "feias" de outras pessoas e não as suas próprias!

— Beatrice, as minhas coisas feias não são óbvias para você. — Comecei a partilhar com ela tudo aquilo com que eu estava lidando e o que estava escondido. Desse dia em diante, todas na classe, de tempos em tempos, partilhariam comigo suas coisas "feias". Essa honestidade criou entre nós um laço profundo de confiança e carinho sincero.

Todas temos nossas coisas "feias". Para gostar de nós mesmas, temos de aceitá-las, independentemente do que forem. Tendo-as aceitado, não precisaremos delas como uma desculpa para impedir que nos sintamos amadas.

O Amor-Próprio Faz a Diferença

Rita era uma mulher que não sabia como amar a si mesma. Quando a encontrei pela primeira vez, foi difícil não ser contagiada pela sua abordagem extremamente negativa da vida. Ela estava convencida de que era uma vítima. Estava trabalhando numa grande repartição pública, numa grande área metropolitana. Seu chefe era terrível com ela, e as pessoas à sua volta eram insensíveis e frias. Nada, absolutamente, funcionava.

Veio fazer terapia várias vezes. Durante uma das sessões, pedi-lhe para fazer o Desenho da Família. Esse é um processo semelhante ao Desenho dos Pais descrito no capítulo sobre a Luta com o Dragão, com a diferença de que, em vez de desenhar só os pais, todos os membros da família são representados.

Rita desenhou duas irmãs exatamente iguais. Quando lhe perguntei sobre elas, disse-me que eram gêmeas. No entanto, foi surpreendente perceber que ela não sabia qual das gêmeas era ela. Ela olhava para o papel em branco como que esperando que ele desse a resposta.

Rita não sabia quem ela era! Ela não tinha uma identidade separada! — Eu sou a minha irmã ou sou eu?

Rita esforçou-se para ter sua auto-estima e, finalmente, começou a admitir sua própria individualidade, separada e distinta da de sua irmã.

Ela começou a amar a si mesma.

Durante o curso realizado nos seis meses seguintes, tudo começou a mudar. Quando tornei a vê-la, havia diferenças significativas. Ela estava num novo emprego, de que gostava; o chefe a estava tratando com respeito, e ela estava começando a se relacionar com as pessoas do escritório. No final do dia, ela não está tão estressada. Sua única queixa é que ela tem de aprender a não sentir culpa por tanta bondade na sua vida. É muito difícil para ela acreditar que merece tudo isso!

Pare de Castigar a Si Mesma

Caroline era uma mulher melancólica, sem alegria. Era atraente, mas escondia intencionalmente sua beleza natural sob uma aparência sem brilho, sem vida.

Caroline tinha se divorciado havia três anos e trabalhava num escritório de contabilidade, num cargo que "ninguém mais queria". O trabalho era enfadonho, ingrato e nada criativo. Ela não gostava dele, mas era o único escritório onde poderia fazer o que fazia; por isso estava lá. Tinha perdido o interesse de voltar à faculdade para completar o curso e sentia-se presa no seu trabalho. Achava que a vida devia ser difícil. E era.

Quando ouvi sua história, interrompi-a num ponto e disse: — Você sabe o que eu realmente acho que está fazendo? Castigando a si mesma!

— Oh — disse, com voz entrecortada e balançando afirmativamente a cabeça. — Você tem razão. — E começou a soluçar.

Três anos antes, Caroline havia escolhido mal uma pessoa para marido. Poucas semanas antes do casamento, percebeu que cometera um erro, mas teve medo de voltar atrás numa decisão e relutou em desapontar a família. Caroline foi em frente com o casamento, e foi um desastre. Ele era um usuário de drogas e um enganador. A vida com o marido tornou-se tão insuportável, que ela finalmente decidiu terminar o casamento. Independentemente das circunstâncias, ela se censura por esse casamento fracassado. De alguma maneira ela deveria ter feito com que ele desse certo.

A família também não facilitou as coisas. O casamento era para sempre. Ela era a primeira pessoa na família a se divorciar e a lembravam disso constantemente.

Ela achava que não era merecedora e estava criando uma vida de autopunição para compensar suas escolhas. Inconscientemente, queria expiar sua culpa pelo sofrimento e pela punição.

Não podemos ser uma vítima, a menos que concordemos com isso. Caroline sabia em que nível tomara aquela decisão.

O amor-próprio é algo com que todas podemos concordar. Mas se ele for só uma idéia ou um desejo vago, tem pouca força. Caroline decidiu ser enfática.

Começou com maneiras diárias de amar a si mesma. Começou com "Eu me amo, por isso..."

Ela escreveu:

Eu me amo, por isso... vou completar o meu colegial.

Eu me amo, por isso...vou verificar as possibilidades de uma bolsa de estudos.

Eu me amo, por isso... vou escolher uma carreira de que eu goste.

E a lista continuava...

Alguns anos depois, recebi uma longa carta de Caroline. Era do Caribe. Dentro do envelope estava a foto de Caroline num biquíni escarlate! Tinha-se tornado uma bióloga marinha e estava numa expedição de pesquisa. O trabalho era fascinante, as pessoas interessantes — e ela estava vivendo a sua vida.

Amor-Próprio — A Fórmula de Três Passos

Passo 1. Decida amar a si mesma

Simplesmente pensar em você não vai mudar o que você sente por si mesma. O amor-próprio não é algo que você pode tentar conseguir ou ganhar. Você não obterá o amor pela vontade de tê-lo. E não é uma questão de ser "merecedora".

Simplesmente decida amar a si mesma. E, se essa decisão levar mais do que dez segundos, você já demorou demais!

Passo 2. Eu me amo, por isso...

Decidir amar a si mesma fará uma grande diferença na sua vida. Faça uma lista de coisas específicas.

Uma lista de "por isso" da mulher emergente:

Eu me amo, por isso... me aceito como sou.

Eu me amo, por isso... uso roupas íntimas Christian Dior.

Eu me amo, por isso... me liberto do passado.

Eu me amo, por isso... posso comer um *sundae* com calda de chocolate e não me sentir culpada.

Eu me amo, por isso... posso decidir não comer um *sundae* com calda de chocolate.

Eu me amo, por isso... gosto do meu corpo.

Eu me amo, por isso... reservo algum tempo para ficar tranqüila.

Eu me amo, por isso... me aprovo.

Eu me amo, por isso... corro riscos.

Eu me amo, por isso... não tenho de esperar por ele para mudar, para dar prosseguimento à minha vida.

Eu me amo, por isso... recebo ajuda quando preciso.

Eu me amo, por isso... reivindico o que quero do Universo e espero que ele responda.

Eu me amo, por isso... espero que os outros me amem e fico surpresa quando isso não acontece.

Eu me amo, por isso... paro de dirigir e controlar os outros.

Crie sua própria lista de amor-próprio:

Eu me amo, por isso...
Eu me amo, por isso...
Eu me amo, por isso...
Eu me amo, por isso...
Eu me amo, por isso...
Eu me amo, por isso...
Eu me amo, por isso...
Eu me amo, por isso...
Eu me amo, por isso...
Eu me amo, por isso...

Passo 3. Sempre aprove a si mesma

Evite a autocrítica desnecessária e destrutiva. Se sentir que algo que você faz é ineficaz ou que não dá certo, evite emitir julgamentos e condenar-se. Observe o que não dá certo e decida fazer algo diferente na próxima vez. Quando flagrar a si mesma desaprovando-se, substitua imediatamente os pensamentos negativos por outros de aprovação.

Passo 4. Avaliação do amor-próprio:
Cuide de si mesma

Suponha que você fosse responsável por alguém que amou e admirou e que essa pessoa viesse passar uma semana com você.

Se você realmente amou essa pessoa, você, na sua capacidade plena, iria perceber que a necessidade e a vontade dela dizia respeito a ser cuidada, sentir-se à vontade e que tudo corresse bem para ela durante sua visita. Você iria fazer tudo o que pudesse para mostrar que você cuida dela e a valoriza.

Se você faria isso por outra pessoa, por que não fazer por si mesma?

Ou, como diz John Roger: — Cuide de si mesma e, então, cuide de outra pessoa.

Nessa ordem.

Escreva suas respostas às perguntas abaixo num pedaço de papel separado.

Como trata a si mesma?

Pense por alguns minutos e reveja a semana que passou. Como tratou a si mesma durante aquele período? Observe a semana dia a dia. Procure os padrões, os humores, o diálogo consigo mesma. Você recomendaria a uma grande amiga que vivesse do modo como você viveu? Você falaria com essa amiga da mesma forma que falou consigo mesma ou a trataria como você tratou a si mesma?

Como você trataria um hóspede importante?

Pense por alguns minutos em algumas pessoas que você mais admira e aprecia. (Não importa quem sejam — personalidades históricas, políticas, mitológicas ou contemporâneas.) Imagine que uma dessas pessoas está vindo para visitá-la por uma semana. Como você a receberia? O que iria fazer por ela? O que iria fazer para que ela se sentisse à vontade, querida e valorizada? Depois, compare com a forma como você trata a si mesma!

Meditação Sobre o Amor-Próprio

Feche os olhos e inspire lentamente, enchendo os pulmões de oxigênio. Expire. Relaxe e esvazie a sua mente; deixe seus pensamentos livres até você se imaginar numa campina verde exuberante.

Olhe a sua volta. O dia está quente. O céu está claro. A brisa sopra suavemente sobre sua pele, seu rosto, seus cabelos. Ouça o farfalhar delicado das folhas. Ouça ao longe um riacho, com seus borbotões e salpicos sobre as pedras cobertas de musgo.

Caminhe descalça na grama. Sinta o frescor da terra sob seus pés.

Olhe toda a campina. Observe o vulto de alguém que vem na sua direção.

Preste atenção a essa pessoa à medida que se avizinha. Enquanto ela se aproxima conscientize-se de que essa pessoa é você.

A outra você fica parada em pé à sua frente.

Por alguns minutos, você decide ter todas as sensações, todos os pensamentos que não teve a seu respeito, todas as coisas que você identifica como sendo suas.

Olhe profundamente nos olhos à sua frente. Aproxime-se e estenda as mãos para a pessoa que está diante de você.

Esteja ciente de que houve aquelas vezes em que você acusou, gritou, criticou e julgou a si mesma.

Houve aquelas vezes em que você não se amou tanto quanto amou os outros.

Esteja ciente de que nem sempre se considerou merecedora de amor.

Houve vezes em que não tratou bem a si mesma.

Comece a estender os braços e abrace esse outro ser, todas as partes de si mesma. Permita enviar todo o seu amor e carinho para esse "eu". Nesse momento, decida aceitar totalmente essa pessoa que você é. Reconheça que você é exatamente como é e diga a si mesma:

Estou perdoada.

Sinto-me perdoada.

Não estou prometendo que não cometerei erros no futuro.

Não estou prometendo ser perfeita e feliz. Dou permissão a mim mesma para ser imperfeita e feliz.

Dou permissão a mim mesma para gostar de ser quem sou, mesmo quando falhar.

Amo... (diga o seu nome).

Sou quem sou e me amo.

Fique na campina e deixe que todos esses sentimentos bonitos, bons e calorosos a seu respeito a preencham e agradeça por essa experiência. Sinta uma Presença dominante inundando a campina. Essa Presença é o Amor, um mar cósmico infinitamente grande de energia ilimitada que permeia tudo — acima, abaixo, em torno e dentro de você, estendendo-se até o lugar mais distante aonde sua imaginação a levar.

Por alguns minutos, mergulhe nessa Presença, de forma completa e incondicional.

Então, quando sentir que está pronta, abra os olhos e traga de volta toda essa consciência, todo esse amor e carinho.

Entre os gregos antigos,
havia três nomes para o Amor:
Eros, Filos e Ágape.
Eros é um amor baseado na dependência:
"Eu preciso de você e eu o amo."
Filos é um amor baseado na segurança:
"É seguro e eu o amo."
Ágape é a maior forma de amor.
É um amor que cresce
incondicionalmente e que é dado espontaneamente:
"Eu o vejo e o amo."

7

Três Tipos de Amor

Snappy Whitside, também conhecido como Warren Webster Whitside III, se afeiçoou a mim. E eu o odiei por isso.

Aconteceu num dia no terceiro ano. Snappy chegou atrasado, desculpou-se com a Sra. Earl, a professora, e foi diretamente à minha carteira. Com uma grande habilidade que parecia chamar a atenção de todos, cerimoniosamente pôs sobre a minha carteira um pacote feito com muito capricho, sorriu orgulhosamente, e voltou para o seu lugar.

"O que será isso?", pensei, com irritação. Não era o meu aniversário. Não era o Dia dos Namorados, nem Natal. E Snappy não era o meu namorado! Meu namorado era Alan Hammock! Alan era um ano mais velho do que eu e estava no quarto ano. Era evidente que estávamos apaixonados. Pelo menos, era óbvio que éramos namorados. Trocávamos bilhetes e flertávamos durante o ensaio do coral, nas sextas-feiras à noite. Às vezes, Alan até pegava na minha mão. E pelo menos uma vez, tínhamos brincado de "girar a garrafa".

Fiquei estarrecida com aquele presente em cima da carteira e cerrei as sobrancelhas. Que audácia, a de Snappy Whitside! Dar-me um presente, e na frente de toda a classe! Talvez fosse um engano. Talvez ele não tivesse pensado no presente para mim. Eu queria que aquilo tudo passasse. Mas não passou. Assim, decidi ignorar o fato. Passou a primeira hora, tocou o sinal e era aula de matemática. O pacote ficou intacto sobre a minha carteira. Estávamos na aula quando Snappy levantou a mão com irritação.

— Professora — disse —, economizei minha mesada durante três longas semanas a fim de ter dinheiro suficiente para comprar um presente para a Betty, e ela nem o abriu.

Oh, não! Eu não podia acreditar! Não era um engano. Ele realmente tinha pensado no presente para mim. Senti minhas bochechas queimando. Eu queria me enfiar num buraco e desaparecer.

A senhora Earl era uma professora rigorosa e precisa. De alguma forma, porém, ela sempre teve um brilho no olhar. Eu esperava que ela interrompesse aquele disparate e fizesse Snappy se calar. Em vez disso, parece que ela gostou.

— Muito bem, Snappy, é muito gentil da sua parte — disse. Então ela sorriu e olhou para toda a classe.

"Oh, não, ela não pode fazer isso", murmurei, afundando na cadeira. Mas ela fez.

— Classe, vamos rodear a carteira da Betty e ver o que Snappy comprou para ela. — A classe inteira se amontoou à minha volta, sendo que a senhora Earl e o Snappy eram os que estavam mais próximos de mim. Fiquei com raiva, constrangida e humilhada. Foi uma sensação horrível. Eu era o centro das atenções. Não havia escolha a não ser abrir o pacote. Para abreviar a provação, desembrulhei o mais rápido que pude.

Era um vidro de perfume!

Algumas meninas davam risadinhas bobas, levando as mãos à boca. Um dos meninos murmurou e um outro deu um empurrãozinho de provocação em Snappy. A senhora Earl pensou que era provavelmente a coisa mais linda que ela já tinha visto na vida.

Enquanto meus colegas davam risadinhas e murmuravam, pus o perfume embaixo da carteira e fervi de raiva.

— Betty — disse a senhora Earl —, por que você não agradece ao Snappy?

— Obrigada — controlei para sibilar com os dentes cerrados, um pouco mais que um sussurro.

No intervalo, Snappy, que estava bem ciente da minha irritação, veio ao meu encontro no pátio e disse: — Betty, você pode achar que me odeia. Lembre-se somente disso: a linha divisória entre o amor e o ódio é muito tênue.

O quê! Fiquei furiosa novamente! Não era possível que amor e ódio fossem quase a mesma coisa. Não podia ser. Eu amava Alan e odiava Snappy. E aqueles sentimentos não eram a mesma coisa, de jeito nenhum!

Fiquei com esse pensamento o resto da manhã. Ele ia e vinha na minha mente. Na hora do almoço, fui para casa, ainda me debatendo com essa questão. Eu queria uma resposta. Precisava saber. Qual é a diferença entre amor e ódio! Entrei batendo a porta da frente e fui correndo para a cozinha. Minha mãe estava com a mesa posta e estava me esperando.

— Devagar! — gritou ela, enquanto eu entrava correndo em casa. Nada foi dito até que eu me acalmasse.

Pareceu uma eternidade, mas depois de um copo de leite e um prato de sopa, fiz a pergunta abrasadora do dia.

— Mamãe, Snappy Whitside disse que a linha divisória entre o amor e o ódio é muito tênue. O que ele quis dizer?

Do outro lado da mesa mamãe olhou para mim.

— Betty, você quer um pouco mais de sopa de frango? – replicou.

Acho que ela não tinha me ouvido.

Levei muito tempo para descobrir que o oposto de amor não é ódio e sim indiferença. É necessária até uma certa quantidade de carinho para se preocupar em odiar alguém. O ódio é simplesmente amor mal direcionado. Snappy estava bem adiantado em relação a mim.

Num certo sentido, Snappy foi o meu iniciador. Por causa dele, a minha busca por entender o que era o amor começou naquele dia, no terceiro ano. Ao longo dos anos, os desafios, as oportunidades e as experiências me ensinaram muito sobre o que é e o que não é amor:

Queremos amar.

Queremos ser amados.

Nem sempre sabemos como amar ou ser amados.

Desse modo, acomodamo-nos e aceitamos menos do que poderíamos receber.

Três Formas de Amor

Eros: "Eu preciso de você e eu o amo"

"Paixão" – magnetismo – projeções intensas – fantasias – equiparação de fraquezas – controle – possessividade – enredamento – dependência – busca de aprovação fora do "eu"– emocional – fim da representação da Luta com o Dragão com o seu parceiro – penetrando pouco a pouco na "sua essência"

Quando somos bebês e estamos nos braços de nossa mãe, parece que esses braços pertencem a nós, não a ela. Para a criança, a mãe é uma extensão de seu próprio corpo. No útero, é essa a nossa experiência, e assim, muito naturalmente, durante o primeiro ou os dois primeiros anos de vida, exigimos, pedimos e esperamos que nossa mãe responda automaticamente a todas as nossas necessidades, como se fossem as dela. Ela sente o nosso medo, o nosso desconforto, a nossa raiva, o nosso sofrimento.

À medida que a criança cresce, ela luta para manter o controle do que considera ser seu. Utiliza-se de várias maneiras para manter o controle – choro, raiva, força física. Tudo isso é um esforço determinado para fazer com que a mãe se comporte como uma extensão da própria criança.

Nosso primeiro relacionamento é uma relação de concordância com o outro. Não sabemos nada sobre separação, não temos nenhuma idéia do que seja o "eu" separado da mãe. Assim, à medida que nossa experiência se desenvolve, o resultado é a separação. Muito cedo, percebemos o inevitável: "Eu sou eu, você é você, e nossas necessidades são diferentes." Sem dúvida alguma, nossas necessidades como indivíduos vão se chocar num determinado ponto. E cada uma de nós, estando mais interessada na preservação de si mesma e em conseguir o que se quer, vai considerar necessário trabalhar arduamente para satisfazer as necessidades, mesmo em detrimento de outras pessoas. Por isso, devido à necessidade de nos proteger e defender, criaremos uma barreira para o ego. Para isso, empregaremos a independência, a personalidade, o aspecto positivo e até mesmo a agressividade.

A ânsia de conhecer a nós mesmas como pessoas separadas continua à medida que crescemos, na adolescência. Nessa idade, tornamo-nos conscientes de nós mesmas como unidades distintas, separadas e apartadas de nossos pais. Reconhecemos que temos direitos sobre nós mesmas, incluindo o direito de nos expressar. Na maioria dos casos, a barreira do ego é muito bem estabelecida nesse período. O "garoto valentão", o "Sr. Legal", e a garotinha sarcástica, "metidinha", que você vê andando pelos corredores das escolas de ensino secundário nos Estados Unidos são todos expressões desse instrumento precisamente projetado, criado para lidar com o relacionamento com os outros.

As barreiras do ego não são honestas. Elas não refletem o nosso verdadeiro "eu". Em vez disso, expressam imagens que acreditamos vão garantir a aceitação por parte dos outros, vão atrair as pessoas para nós ou fazer com que as pessoas nos admirem e queiram ser como nós. Desenvolvemos um conjunto de "jogos" que não são verdadeiros, mas que serve a nossos objetivos.

Então, Eros nos fisga. Eros, "o deus de olhos vendados", atinge-nos com sua flecha, e aquela flecha penetra através de todas as barreiras do ego e de mecanismos de defesa que criamos com tanto cuidado.

Somos atingidos. Caímos "apaixonados".

Isso se dá surpreendentemente, de repente, razão pela qual nos referimos a isso como uma queda. Raramente, ou nunca, trata-se de uma escolha. Para nós, é como cair de um penhasco. Quase todas as vezes somos vítimas da experiência. Os relacionamentos Eros acontecem ao acaso, geralmente com uma pessoa do sexo oposto, freqüentemente sem relação com razão ou lógica.

Os relacionamentos de Eros são intensos, física e emocionalmente. O amor de Eros percorre os hormônios, as glândulas e os órgãos, afetando as emoções em formas excêntricas. Esse tipo de amor manipula campos áuricos, elétricos e magnéticos, às vezes resultando em sentimentos, pensamentos e atitudes até então desconhecidos. Chamamos a experiência de "amor" quando, na verdade, não tem nada que ver com amor em seu sentido verdadeiro — ou Ágape.

Tipicamente não "nos apaixonamos" realmente pela pessoa, mas por quem queremos que ela seja. O amor de Eros tende a ser fictício. Projetamos e fantasiamos nossas expectativas com relação a nosso parceiro. Projetamos nossa própria masculinidade reprimida (ou, no caso de um homem, a feminilidade) no outro, e "amamos" aquela pessoa porque achamos que ela tem algo que não temos. Achamos que ela tem uma qualidade que somos incapazes de

Três Tipos de Amor

145

expressar; desse modo, queremos essa pessoa porque ela tem aquilo de que precisamos. Chegamos ao ponto de dizer: "Eu preciso de você; conseqüentemente, eu o amo."

Mais tarde, a certa altura, acontece o inevitável. Começamos a perceber que as qualidades imaginadas não existem realmente, nunca existiram. Começamos a ver o parceiro como ele realmente é, não mais como queremos que seja. O amor diminui gradualmente, e a experiência se torna dolorosa. Dói "desapaixonar-se".

Não conseguimos aceitar nosso parceiro como ele é e não nos vemos como seres que podem ser aceitos. Não somos completos ainda, por isso, procuramos por alguém que nos complete, que preencha os espaços vazios. Nos relacionamentos Eros, atraímos parceiros que têm o que falta em nós. E quando encontramos a peça que faltava, achamos que ela forma uma dupla!

Muitas pessoas têm como certo que a paixão é a base para o casamento, mas a paixão quase nunca se dá de forma sensível. Fora dos contos de fadas ou das produções hollywoodianas, apaixonar-se pela pessoa certa é infinitamente mais difícil do que se apaixonar pela pessoa errada.

As pessoas se apaixonam por causa da correspondência de vulnerabilidades e inseguranças, não por causa da correspondência de forças. Eros é extremamente poderoso. As barreiras do ego que mantínhamos de forma tão eficiente vêm abaixo e "nos apaixonamos", apesar de não querermos ou pretendermos isso! Somos absolutamente impotentes. Não podemos ajudá-lo. Somos vítimas de Eros! E como Psique, no topo da montanha, somos empurradas, embora muito brevemente, para um paraíso com um amante cujo rosto somos proibidas de ver. Por um instante temos a sensação de que há uma barreira do ego caída entre nós e o outro. Quando estamos apaixonados, nós baixamos a guarda.

Nesse tipo de paixão, a intensidade de Eros é sempre temporária. É a mesma experiência feliz que se dá na infância com nossa mãe, representada novamente, e os resultados são os mesmos. Chega o momento em que acaba a lua-de-mel. Os problemas têm início quando, dolorosamente, começamos a reconhecer no nosso parceiro características que não são exatamente o que pensávamos. As defesas se erguem novamente à medida que os dois amantes começam, gradualmente, a reaprender que são pessoas diferentes, com identidades diferentes.

Às vezes, rapidamente saímos do relacionamento que fracassou e, como remédio, procuramos outra pessoa por quem nos apaixonar. Acalentamos a idéia de apaixonar-nos e viver felizes para sempre. Criamos as barreiras do ego umas após as outras, enquanto buscamos o relacionamento "perfeito". Com mais freqüência, quando se inicia um novo relacionamento, os parceiros têm barreiras do ego que ainda estão danificadas pelas experiências do passado. Muita "roupa suja", infelicidade, miséria, projeção, acusação, culpa e censura de relacionamentos anteriores é levada para o novo relacionamento.

Mesmo no melhor dos relacionamentos, geralmente chega um momento em que nos sentimos atraídos por outra pessoa que não o nosso parceiro. É raro não acontecer isso! Além do mais, nos sentimos muito culpadas quando isso acontece! Começamos a nos criticar. Se eu me sinto atraída por outra pessoa, isso pode querer dizer que há alguma coisa errada no meu relacionamento atual, alguma coisa errada comigo ou com o meu parceiro.

Mas, simplesmente, isso não é verdade. Isso significa que existe uma correspondência, um tipo de correspondência diferente da que nos atraiu ao nosso parceiro, e que despertou novos e diferentes lados de nós mesmas. Mas não significa que somos impotentes diante da atração, nem que deveríamos deixar um relacionamento para assumir um novo compromisso.

Michael...

Quando eu estava trabalhando com pacientes com câncer, tive muitos encontros que foram desafiadores e compensadores. A verdadeira natureza da doença e a preciosidade do tempo exigem que as pessoas se abram com muita rapidez.

Tive uma ligação especial com Michael, um músico atraente que estava lutando corajosamente contra a doença. Achei-o sensível, criativo e inteligente. Como terapeuta e conselheira, vi muitas coisas do Michael, e ele partilhou muito dele mesmo comigo. Era um verdadeiro romântico. Ele causou em mim algo que eu nunca sentira no meu casamento.

Um dia, quando entrei em seu quarto, havia uma mudança notável em sua atitude. Normalmente confidente e sincero em seu relacionamento comigo, naquele dia ele estava nervoso e impaciente.

— Posso lhe fazer uma pergunta? — disse-me.

— Claro, pergunte-me o que quiser — respondi, sem esperar nada de especial.

Ele fez uma pequena pausa e depois, olhando diretamente nos meus olhos, disse: — Quero fazer amor com você. — Isso me estarreceu.

Primeiro, fiquei aborrecida, exatamente como quando Snappy Whitside me deu o vidro de perfume. Eu queria manter uma parede de profissionalismo, fria e isoladora. Além do mais, eu era a sua terapeuta. Mas a verdade era que eu também me sentia atraída por ele. Nunca dissera aquilo ou nunca admitira aquilo para mim mesma. Sempre que esses sentimentos vinham à tona, eu os rejeitava. Mas agora eu estava sendo desafiada. Minhas opções eram ser imparcial e profissional ou ser honesta e ser eu mesma.

Respirei fundo para reunir minhas forças, sorri para ele e disse: — Michael, você me pegou desprevenida. É verdade que me sinto muito próxima de você, e você me atrai de várias maneiras. Admito que pensei comigo mesma sobre como seria fazer amor com você.

Foi muito útil falar de maneira honesta e sincera, sem teatralidade nem fingimento. Na minha decisão de ser honesta, criou-se um momento muito real que uniu nossos corações.

— Sou casada, como você sabe, e você também já teve uma pessoa especial na sua vida. Mudaria tudo se fizéssemos amor.

Conversamos durante várias horas. Percebi que, com ele, tive sentimentos que estavam enterrados. Eu estava tentando, com muita dificuldade, ser uma esposa e mãe responsável. Eu não tinha tempo para romances nem fantasias. Michael fez com que eu despertasse e me fez encarar os sentimentos que tinham vindo à tona. Era uma sensação de amor emocionante. Mas o amor que eu sentia por ele e os sentimentos que ele tinha por mim não precisavam ser expressos sexualmente. Percebemos que, ao nos acariciarmos, ao partilharmos nossos corações e ao sermos sinceros, estávamos fazendo amor o tempo todo — mas de modo diferente. Fizemos uma escolha consciente de lidar com nossos sentimentos. A paixão se disseminou ao falarmos sobre ela e isso não deveria ser uma barreira entre nós.

Quando Eros "fisgar"... não tenha medo

Toda mulher precisa entender que sempre que uma atração do tipo Eros acontece, mesmo que ela já tenha um relacionamento sério, é importante não ficar aterrorizada. Lembre-se de que você tem muitas escolhas.

Uma escolha é negar seus sentimentos porque não se ajustam na caixa que você construiu para si mesma. Isso não deveria acontecer quando você está se relacionando com alguém! Assim, você finge que não acontece. Quando negamos totalmente esses sentimentos, eles freqüentemente aparecem de um modo um pouco menos direto. Nosso comportamento será diferente diante daquela pessoa, e as outras pessoas irão perceber isso, mesmo que disfarcemos. Ou então ficaremos indispostas com nosso atual parceiro sem nenhuma razão aparente.

Ou ainda você pode querer sentir-se culpada com relação aos seus sentimentos. A culpa é algo que criamos para evitar tomarmos uma decisão. Uma das dificuldades com o amor de Eros é que fomos programadas para pensar que sentimento e carinho profundos com relação a um membro do sexo oposto significa que temos de expressar aqueles sentimentos sendo íntimos fisicamente. Intimidade é um sentimento tão raro que, quando a alcançamos, não sabemos o que fazer com ela — exceto ir para a cama!

Quando um relacionamento é expresso sexualmente, a natureza dele muda de maneira automática. Não quer dizer que é melhor ou pior, mas muda as coisas. Às vezes, não estamos dispostas a nos responsabilizar pelas nossas ações e protestamos pelo fato de as coisas "terem acontecido". Essa é uma resposta conveniente e não é honesta. É importante estarmos cientes das conseqüências de nossos envolvimentos e discutir abertamente por que queremos aquele tipo de intimidade, quais são nossas expectativas e o que esse tipo de troca significa para nós. É melhor fazer tudo isso antes de qualquer envolvimento.

E sempre existem outras opções. Você pode lidar com a atração, à medida que questiona o tipo de energia que você está exteriorizando e que explora a ligação entre você e a outra pessoa. Que parte de si mesma é avivada na outra pessoa? Tome a decisão de desenvolver essa parte sem depender de ninguém para estimular esses sentimentos. Entenda a dinâmica da atração e veja a possibilidade de vocês serem apenas amigos. Essas atrações nos dão novas oportunidades de explorar o nosso "eu"!

Filos: "É seguro e eu o amo"

Compromisso para casamento – objetivos materiais – pressões sociais – sensível, sensato, previsível – tédio – resignação – "o que você decidir" – passivo-agressivo – respostas corretas em vez da verdade – sonhos com o que poderia ter sido – estranhos que vivem numa casa estranha – desespero – seguro – lar estável – que apóia – compreensivo – pseudo-intimidade

Depois do caos inicial da atração de Eros, um relacionamento que muda de forma e se torna um relacionamento de compromisso pode cair na monotonia e continuar no "piloto automático". Em vez de separação, divórcio ou relações clandestinas, os dois parceiros se decidem por um relacionamento certo, seguro — e previsível. Isso define nosso amor como Filos.

Filos quer dizer: passamos pelo estágio da lua-de-mel e nos tornamos mais realistas no que diz respeito ao outro. Já nos "desapaixonamos" e começamos a nos reconhecer como indivíduos novamente. Começamos a reconhecer os valores do outro e nos comprometemos a partilhar a vida.

A amante do tipo Filos sabe que é um ser separado da coisa que ela ama. A ênfase num relacionamento do tipo Filos é geralmente material. A atenção está no próximo carro, numa casa maior, num emprego melhor, nos clubes mais agradáveis — os valores associados ao Sonho Americano. O estilo de vida é importante. E o estilo de vida que conta é o que é considerado adequado e aceito pela norma. Isso implica algumas pressões e aceitação da família, da igreja, da sociedade, dos nossos.

O amor de Filos é o tipo de amor que uma pessoa tem por um carro, por uma carreira ou por qualquer coisa pela qual ela tenha interesse, mas com a qual ela não se identifica, na medida em que quebra as barreiras do ego.

Num esforço para manter esse estilo de vida, freqüentemente as partes mais profundas do "eu" são suprimidas ou negadas. Os sentimentos e pensamentos mais profundos são sacrificados. Lida-se com as questões, mas num nível superficial. "Vamos manter tudo agradável, com flores, e fingir que tudo está bem." Freqüentemente, há um comportamento passivo-agressivo subjacente, enquanto na superfície há a tentativa de passar mecanicamente pelas emoções. Geralmente, há respeito e verdadeira compreensão, embora não haja um conhecimento profundo do outro. Com freqüência, os parceiros vivem como estranhos, partilhando um espaço comum.

Às vezes há um sentimento de resignação, ressentimento e tédio nos relacionamentos Filos. Vocês falam, mas nunca conversam, olham um para o outro, mas não se vêem. Freqüentemente, você pode observar Filos em ação em restaurantes, onde o casal fica de frente um para o outro, à mesa, e conversa muito pouco ou nada, simplesmente fazendo a refeição junto, passando o tempo. Mil pensamentos podem passar pela cabeça:

Poderia ter sido diferente...

Se ele fosse diferente...

Se eu não tivesse renunciado à minha carreira...

Se nós não tivéssemos tido filhos tão cedo...

Há o sonho do "que poderia ter sido" em sua mente, acompanhado de sentimentos de amargura ou culpa com relação ao parceiro dela, por não ser o homem que ela acreditava que fosse quando se casaram.

Geralmente, o que está faltando no relacionamento não é uma disposição para mudar ou para ser aberto, mas saber como fazer isso. O que se aceita é muito menos do que se poderia ter.

Às vezes, as razões para se manter um relacionamento são baseadas na necessidade. Precisamos manter a aprovação da família, da comunidade, da igreja etc. Mesmo que o relacionamento possa ser insatisfatório, pode parecer melhor do que estar sozinho. Pode não ser totalmente satisfatório, mas satisfaz em muitos níveis e talvez seja melhor do que ficar sozinho.

Por outro lado, um relacionamento Filos pode ser vivido de formas diferentes. O compromisso de um relacionamento pode vir da firmeza. Pode haver uma firme determinação de fazer o melhor possível para manter a família unida e para proporcionar um ambiente familiar seguro e estável.

Uma vez firmado esse compromisso, não há necessidade de se concentrar no que está "errado" com a outra pessoa; basta tomar a decisão para operar a mudança positiva dentro de si mesma. Dessa maneira, aprendemos a nos tornar responsáveis pela nossa própria felicidade, não fazendo com que os outros sejam responsáveis por nós. Sabemos que nossa decisão de estar com nosso parceiro é uma escolha. Sempre há poder na escolha.

Ágape: "Eu o vejo e eu o amo"

Amor por escolha e não como algo natural – baixando calmamente as defesas do ego – gentileza – renúncia aos próprios interesses – sinceridade – fidelidade ao passado e ao presente — apoio mútuo — ideais comuns — visão partilhada que vai além do casal — crescimento espiritual de apoio — compreensão — total confiança — intimidade (estética, emocional, física e espiritual) — amor incondicional

Ágape não é algo que nos "acontece". É escolher amar, é uma decisão que tomamos com relação a uma pessoa, a várias pessoas ou a uma situação. Não é o fenômeno de se apaixonar, encontrado em Eros, nem resignação com respeito a uma situação que acreditamos ser insatisfatória e imutável, como em Filos. Ágape é amor incondicional, a forma mais rara de amar.

Ágape é maravilhosamente expresso na história bíblica de Rute, quando ela diz à sua sogra viúva e sem lar: — Para onde tu fores, irei também eu. O teu Deus será o meu Deus.

Nós o encontramos novamente no amor de Davi e Jônatas. Os dois homens estavam dispostos a desafiar seu rei (e pai de Jônatas) pelo amor e proteção, um ao outro. Ágape ecoa na poesia de Safo, que escreveu versos apaixonados sobre a amizade pelas meninas de sua escola. Vemos Ágape entre irmãs que partilham suas experiências e se dão umas às outras. Esse amor é evidenciado na devoção da mãe pelo filho e no animal que renuncia à sua vida em favor de seu dono.

Esse amor é demonstrado quando alguém renuncia aos próprios interesses em consideração ao ser amado. É voltar-se para os outros.

Voltarmo-nos para os outros significa estarmos dispostas a fazer coisas que não são necessariamente de nosso interesse pessoal. Significa cuidar e fazer mais do que foi pedido, não porque temos de agir assim, mas porque escolhemos agir assim, mesmo quando é inconveniente. Um aspecto importante para se observar: no amor Ágape, o ato de dar não é visto como sacrifício, mas como uma escolha voluntária do coração. Esse nível de amor só pode se manifestar quando aquele que dá conhece e ama a si mesmo; desse modo, não dá amor para receber.

Num relacionamento, o amor de Ágape diz respeito a duas pessoas íntegras que ficam lado a lado, partilhando um ideal comum. O amor, então, se expande e pode atingir muitas outras pessoas.

Vem-me em mente um casal, em particular, como exemplo de relacionamento de amor Ágape. Durante muitos anos, a mulher cuidou da família enquanto o marido seguia sua carreira como oficial nas forças armadas de seu país. Quando ele se aposentou, ela começou sua carreira como médica. Desde que se aposentou como militar, ele a ajuda a organizar sua ocupada agenda de trabalho e de professora. Os dois trabalham como um time, ajudando, juntos, as pessoas. Seu amor não é exclusivo, mas seu relacionamento é único. Os dois se tornam um por meio de ideais e objetivos comuns.

Quando nos elevamos para uma experiência de amor do tipo Ágape com outra pessoa, somos capazes de partilhar a vida em condições de igualdade.

"Os dois se tornam um" não quer dizer que criamos uma proteção à nossa volta para manter as outras pessoas do lado de fora. Ao contrário, criamos uma aventura de cooperação e de apoio mútuos ao expressar e explorar o amor ilimitado.

Exercício para Identificar os Tipos de Amor

Reflita um momento sobre três relacionamentos importantes de qualquer tipo, passado ou presente, que são ou foram importantes na sua vida. Avalie o tipo de amor que existe em cada relacionamento. Baseia-se na necessidade, na segurança ou é um amor incondicional? É uma combinação de um ou mais tipos de amor?

A maior parte de nós está convencida
de que queremos relacionamentos amorosos com parceiros
comprometidos que sejam bons, compreensivos
e que nos apóiem.
Esperamos essas coisas
e atraímos parceiros e relacionamentos
que nos dão menos — até mesmo o oposto —
do que procuramos.

O inconsciente tem
"formas de orientação não-explícitas" — não-reconhecidas,
não-integradas, partes desconhecidas do "eu".
Enquanto essas ordens do dia escondidas
não forem reconhecidas e postas de lado, ficaremos presas
a um ou mais dos quatro tipos
de padrões de relacionamento co-dependente.

8

Co-dependência e Outras Formas de Orientação Não-Explícitas

Quando eu tinha 5 anos, tive uma experiência que você poderia chamar de transcendental. Estava acordada à noite quando o mundo, como eu o conhecia, ficou sem definição. Fui transportada para o futuro. Vieram-me imagens e pensamentos do que seria a minha vida. Aqueles pensamentos eram mais do que simples fantasias de uma jovem, explorando o que ela queria ser quando crescesse. Em vez disso, eram comunicações, direções claras que vinham de dentro deles.

Meu objetivo envolveria um trabalho espiritual. No futuro, eu ensinaria em várias partes do mundo. Foram-me mostrados os rostos de pessoas que eu encontraria muitos anos mais tarde e os lugares que eu finalmente visitaria. A experiência foi tão impressionante que meu coração disparou e não consegui dormir. A única forma de poder retornar para a realidade foi me concentrar em algo compreensível para meu mundo de 5 anos de idade, um verso precioso de um poema favorito ou as brincadeiras numa festa de aniversário de um amigo. Por fim, eu caí no sono.

Eu *sabia* que algum dia iria existir um parceiro masculino com uma visão semelhante. Havia certa sensação de como seria esse relacionamento: duas pessoas estariam lado a lado, amorosamente ligadas por um ideal comum, estendendo a mão a outras pessoas.

Aos 5 anos, com certeza eu sabia pouco sobre relacionamentos. Sem dúvida, meus conceitos eram limitados e um tanto idealizados. Além do mais, talvez todos nós tenhamos como inato o conhecimento do que seja um relacionamento amoroso e verdadeiro. Há uma vontade real de tê-lo. Contudo, freqüentemente o que vivemos em nossa própria vida e o que observamos nos relacionamentos de outras pessoas pouco tem que ver com relacionamento amoroso e verdadeiro.

Conseguimos o que Queremos

Nos relacionamentos, recebemos exatamente o que queremos, não necessariamente o que procuramos.

Ninguém entra num relacionamento dizendo: "Eu realmente quero ser punida porque não mereço ser verdadeiramente amada" ou "Estou procurando um parceiro que me depreciará e me ignorará, porque lá no fundo eu sinto que é isso que mereço". Estamos convencidas de que queremos relacionamentos amorosos: compromisso, casamento, integridade, companheirismo, amizade, afeto, calor, bondade, apoio e compreensão. Esperamos essas coisas e atraímos parceiros e relacionamentos que nos dão menos, até mesmo o oposto do que procuramos. Por quê?

A contradição reflete a separação entre consciente e inconsciente. O consciente procura realidade. O inconsciente tem nossas formas de orientação não-explícitas, o não-reconhecido, o não-integrado, as partes desconhecidas do "eu". Enquanto não estiverem resolvidas, elas determinarão os tipos de relacionamentos que teremos, independentemente do que dissermos.

Quando formos honestas com nós mesmas e estivermos dispostas a identificar e transformar aquelas partes do "eu" que não servem mais, então sim, o que queremos e o que procuramos serão a mesma coisa. Podemos escolher conscientemente relacionamentos amorosos em nossa vida, alimentar expectativas com relação a eles e tê-los.

Christy conseguiu exatamente o que queria

Christy era uma terapeuta de 39 anos que veio se consultar comigo. Era bonita, salvo o fato de o seu rosto apresentar um ar de tristeza e ser marcado por linhas de preocupação. Christy falou em tom baixo, entrecortado, sobre seu primeiro casamento, uma união infeliz de seis anos. Ela era muito jovem, explicou, defendendo-se. Tinha esperado mais de seu segundo casamento, que logo se tornou impossível e também acabou. — Foi logo depois que nos casamos — suspirou — que ele se tornou outra pessoa. — Ela baixou o rosto novamente e começou a apertar as mãos.

Com dois casamentos fracassados no passado, ela não queria mais errar. Ela tinha bem claras suas prioridades: amor, compromisso, casamento e uma família. Ela era específica a respeito das qualidades que ela queria num homem: alguém atencioso e interessante, inteligente; e, para satisfazer seus desejos maternos, ele deveria vir, de preferência, com uma família feita, pronta. — Estou ficando muito velha para ter filhos — explicou. E assim, a lista continuava. Na verdade, Christy tinha realmente escrito todos esses itens numa "lista de compras". Exatamente no dia seguinte, aquele homem inteligente, atencioso, interessante, com uma família pronta apareceu em sua vida.

Co-dependência e Outras Formas de Orientação Não-Explícitas

Ela ficou chocada com o fato de ter aparecido tão rápido exatamente o que ela queria. O interesse foi mútuo. De fato, desde o início ele começou a falar em casamento.

Quando Christy veio até mim eles já estavam juntos há seis meses. Aquele "homem perfeito" tinha todos os requisitos externos que Christy havia listado. Além disso, tinham-lhe oferecido um alto posto no governo, era financeiramente estável (realmente ele tinha duas casas) e falava fluentemente sete línguas. Era extremamente atencioso quando estava com ela, o que era um de seus pré-requisitos para um relacionamento. O único problema era que havia longos períodos em que ela ficava sem contato nenhum com ele. Outras vezes, ele prometia telefonar no dia seguinte e "esquecia". O lado misterioso dele incomodava.

Depois de Christy ter posto tudo às claras, ela chegou ao ponto crucial do problema. O Sr. Perfeito tinha sido recentemente hospitalizado e, quando ela o visitou, ele lhe disse que não estava seguro quanto ao relacionamento deles.

— Ele precisa de tempo para pensar — suspirou, abaixando sua cabeça com um sentimento de resignação.

— O que mais ele disse? — perguntei, sentindo que havia mais alguma coisa.

— Ele disse que, embora tenha tido dificuldade em seus casamentos, estava feliz por eu ser o tipo de mulher que ele imaginava ser capaz de mandar flores para ele. — Christy levantou o olhar, os olhos cheios de lágrimas. — Eu não sabia que ele tinha sido casado mais do que uma vez! O que mais eu não sei a respeito dele? É o homem ideal para mim ou não? — Christy conseguiu o que ela estava procurando, um homem interessante, educado, inteligente. E ela também conseguiu o que ela queria (ou algo com o que estava familiarizada) — um outro homem não-disponível, um relacionamento com incerteza, insegurança e mistério.

As origens de sua atração por homens não-disponíveis remontam à infância. Quando Christy era criança, seu pai saiu de casa. As lembranças com relação a ele eram confusas. Ela não tinha uma idéia real de quem ele era. Ele desapareceu de sua vida, deixando-a com suas fantasias sobre quem ele poderia ser. Christy ainda "quer" essa idéia vaga. Embora não seja confortável, é familiar, pelo menos. Os homens são muito misteriosos para ela. Eles desaparecem sem explicação e, como seu parceiro recente, há segredos sobre suas vidas que impedem intimidade e desencadeiam as questões que ela tem quanto ao abandono.

Christy era como muitas outras mulheres que não conheceram o pai ou cujo pai não esteve disponível para elas, de modo consistente.

Embora no atual relacionamento de Christy haja aspectos que são compensadores, de modo geral não é um relacionamento que lhe dê apoio. Enquanto Christy não tiver resolvido seus padrões antigos da infância e não aceitar esse tipo de tratamento, ela continuará atraindo homens que vão criar essa atmosfera de incerteza. Christy é emocionalmente co-dependente.

Formas de Orientação Não-Explícitas: Co-dependência nos Relacionamentos

Co-dependência é um termo originariamente usado para descrever a doença que acomete a esposa, os filhos e outras pessoas estreitamente ligadas a um alcoólatra ou dependente de drogas. Tornou-se claro no trabalho com sistemas familiares que as pessoas que cuidam de um viciado fazem grandes investimentos psicológicos e emocionais nesse viciado. Elas são co-dependentes do viciado e têm seu próprio grupo de comportamentos viciados com que lidar.

A co-dependência é uma busca ilusória de auto-estima. De acordo com Ann Wilson Schaef, no seu livro *Co-dependency: Misunderstood, Mistreated*, a perfeita co-dependente "...é a que encontra sua identidade completamente fora de si mesma. Com pouca ou nenhuma auto-estima ou valorização de si mesma, ela é isolada de seus sentimentos e gasta muito de seu tempo tentando compreender o que os outros querem, de modo que ela possa dar isso a eles".

Uma vez compreendida a dinâmica da co-dependência, é fácil ver como uma dependência subjacente dos outros por auto-estima pode ser uma força sutil, mas poderosa, não só em relacionamentos que têm um fator de abuso substancial, mas em qualquer relacionamento não-saudável.

No caso de Christy, ela é emocionalmente co-dependente de ansiedade, sofrimento e dúvida. Ela não iria se colocar nessa situação penosa se não houvesse uma parte dela que concordasse com a situação. Ela conta com a revolução, a agitação, o drama. O homem está claramente no controle, enquanto ela continua viciada na confusão emocional.

Para acabar com seu padrão de co-dependência, Christy tem de solucionar problemas não-resolvidos com seus pais, realçar a auto-estima e estabelecer limites saudáveis ao lidar com os homens. Um passo inicial poderia ser experimentar considerar os homens como amigos, sem quaisquer expectativas de que o relacionamento avance para algo mais sério. Cultivar amizades masculinas poderia ser uma maneira de aprender a ficar à vontade com os homens. Isso também seria um termômetro saudável com o qual ela poderia avaliar o que significa estar com pessoas do sexo oposto que lhe dão apoio, são abertas e honestas.

Os Tipos de Co-dependência em Relacionamentos

Co-dependência é a busca ilusória de auto-estima.

Co-dependência é a base subjacente de amor do tipo Eros.

Co-dependência e Outras Formas de Orientação Não-Explícitas

A co-dependência existe quando um ou os dois parceiros vêem o outro como um meio para preencher as necessidades que não preencheram consigo mesmos.

A co-dependência existe em qualquer das quatro áreas: Mental, Emocional, Material e Espiritual.

Curar-se de relacionamentos co-dependentes pode ser tão difícil quanto curar-se de uma dependência química. A dor da supressão pode ser muito forte.

Co-dependência mental

A co-dependência mental implica depender dos outros para tomarem decisões por nós ou considerar a capacidade de alguém de fazer escolhas por nós superior à nossa própria capacidade.

Às vezes, a co-dependência mental tem uma preferência por sexo. Por exemplo, podemos ser co-dependentes de homens, mas não de mulheres. Podemos precisar de um homem para tomar nossas decisões, não porque o homem é superior num determinado aspecto, mas simplesmente porque ele é homem.

No meu casamento, eu era mentalmente co-dependente. Quando conheci Sean, ele era muitos anos mais velho do que eu, experiente e maduro. Desempenhei o papel de Passiva Agradável, fui conveniente e dócil e tornei-me dependente de Sean para as decisões mais importantes no que se referia à família, ao estilo de vida e às finanças.

Minhas formas de orientação não-explícitas diziam para evitar conflito a todo custo. Eu tinha a crença de que um casamento feliz era aquele em que não havia conflito nem divergências. Quando criança, não tive um modelo de diferenças resolvidas facilmente. Eu estava determinada a evitar diferenças não-resolvidas, optando por não ter quaisquer diferenças, pelo menos não aparentemente.

Levei algum tempo para perceber que eu permitira a mim mesma tornar-me mentalmente co-dependente. Demorei ainda mais para compreender que minha escolha tinha sido deixar escapar o meu poder para o meu parceiro.

Co-dependência emocional

A co-dependência emocional envolve contar com os outros para serem responsáveis pelas nossas necessidades emocionais. Essas necessidades incluem tanto nossa estabilidade quanto nossa agitação emocionais.

Freqüentemente, há um componente sexual na co-dependência emocional. Poderíamos depender de uma energia sexual compulsiva para manter viva a animação num relacionamento que pode não dar tanto apoio em outras áreas.

Dentro de todas nós há um impulso inato de recriar os mesmos padrões emocionais que vivenciamos com nossa mãe e nosso pai. Esses comportamentos parecem familiares. Há certa segurança na existência deles, mesmo que sejam padrões negativos, como raiva, agressividade, incertezas, altos e baixos emocionais, atitudes humilhantes e depreciativas, ficar desprevenido, desejos não-satisfeitos, distanciamento emocional, punição, sarcasmo, rejeição e sofrimento. De fato, quanto mais perturbadores forem nossos padrões antigos, mais insistentes somos ao repeti-los. Vamos atrair parceiros que são capazes de recriar os mesmos dramas para nós. A nossa garotinha está dizendo: "Proteja-me, estou sofrendo."

Joan é um bom exemplo de dependência emocional. Os pais dela estavam sempre muito ocupados; a vida deles era muito complicada para educar uma criança. A tarefa de educar Joan foi dividida entre seus pais biológicos, uma tia e um tio. Ela nunca estava realmente segura de que seus pais a amavam e ela se sentia dividida quanto à dedicação entre as duas famílias. Quando ela se casou, escolheu um homem autoritário e machão, um "mulherengo", um homem que lhe deu pouco afeto ou apoio emocional.

O marido de Joan era crítico quanto à comida, ao peso, à aparência e às roupas dela. Joan se sentia insegura, exatamente como se sentia em relação a seus pais. Seu maior medo era que ele a deixasse, como seus pais haviam feito. Ele a deixou emocionalmente, por meio de suas escapadelas com outras mulheres. Numa ocasião, ele foi fisicamente ofensivo. Finalmente, em estado de desespero, ela abandonou o casamento e imediatamente se apaixonou tolamente por um homem casado, um outro homem não-disponível. Foi um caso amoroso apaixonado, com o drama dos encontros clandestinos e telefonemas secretos. Havia ansiedade por não saber onde se encontrariam e se o relacionamento iria acabar ou não. A ansiedade, o medo e a solidão são repetições familiares de antigos padrões. Ela estava acostumada a eles desde a infância. O drama, as confusões e até mesmo a dor, ela equipara ao amor. Ela continuará atraindo esses relacionamentos impossíveis, difíceis, até que estabeleça outro modelo de amor e saiba exatamente o que merece e o que quer.

Co-dependência material

A co-dependência material é contar com os outros para serem responsáveis pelas nossas necessidades materiais.

Quando uma mulher é materialmente co-dependente, ela acha que não consegue dar conta de suas necessidades materiais. Como resultado disso, ela pode se sentir trapaceada num relacionamento com um parceiro ou desempenhar um papel apaziguador com os pais, simplesmente por segurança mate-

Co-dependência e Outras Formas de Orientação Não-Explícitas **161**

rial. Seu senso de si mesma pode ser dependente do fato de manter certo estilo de vida. Ao mesmo tempo, ela se melindra com sua dependência em relação aos outros e, no fundo, se incomoda com sua própria falta de integridade.

Harriet nasceu numa família pobre. Ela descreveu seu pai como um alcoólatra briguento, acusador e reprovador. Quando criança, Harriet presenciava seu pai tendo relações incestuosas com suas irmãs. Ela ao mesmo tempo o odiava por isso e implorava a sua afeição.

Harriet via sua mãe como uma mulher crítica, severa. Não importava o que Harriet fizesse, sua mãe logo apontava o que tinha ficado por fazer. Sua mãe era uma mulher muito autoritária, com normas e regulamentos inflexíveis. Nenhum de seus pais lhe deu o apoio emocional de que ela precisava. Suas necessidades materiais também foram negligenciadas.

Harriet não quer ser nem como o pai nem como a mãe.

Ela luta para ser o oposto deles. Tornou-se uma mulher de sucesso em sua carreira, muito respeitada e financeiramente segura; mas, como os pais, ela negligencia os filhos. Seu pai fugiu por meio do alcoolismo; ela foge por meio do trabalho. Como sua mãe, é distante e suas emoções são as de quem não é nada "protetora".

Dois de seus três filhos tornaram-se problemas sérios. Diferentemente de seus pais, porém, ela tem recursos materiais e dá dinheiro como um substitutivo para o amor.

Os homens que Harriet atrai são muito parecidos com seu pai. São emocionalmente imaturos. O sucesso também é um problema. Seu pai era um fracassado; os homens na vida de Harriet estão do outro lado do pêndulo, muito bem-sucedidos. Já que Harriet nunca se sentiu amada pelo pai, nunca tem certeza se esses homens a amam. Eles podem cobri-la de presentes, mas ela nunca consegue o que realmente quer, o presente do verdadeiro sentimento. Uma vez que ela nunca sentiu o verdadeiro amor, ela se vê emocionalmente dependente de um substitutivo do amor — o dinheiro.

Para resolver essa situação, Harriet precisa se abrir para sua essência feminina: sentimentos, compaixão, afeto, carinho, brandura, vulnerabilidade. À medida que se abrir para sua delicadeza, automaticamente atrairá um parceiro que reflita a capacidade dela de amar, e não um que simplesmente preencha uma necessidade de imagem e ganho material.

Co-dependência espiritual

A co-dependência espiritual envolve contar com os outros para nos inspirarem ou nos iluminarem.

Com a co-dependência espiritual, assumimos que outra pessoa está mais próxima de Deus ou mais consciente espiritualmente do que nós. Confiamos nas respostas dos gurus, dos guias, dos "canais", e nas "mulheres-deusas" ou nos "homens-deuses". Confiamos neles para nos dirigirem e estamos mais dispostas a ouvir as verdades espirituais deles do que seguir a verdade que existe no nosso próprio coração. Isso não é desvalorizar o papel de um verdadeiro professor ou a necessidade de um professor durante certo período em nossa vida, mas o relacionamento com qualquer professor deve ser examinado minuciosamente.

Colleen nasceu numa das famílias mais ricas dos Estados Unidos. Aos 3 anos, foi forçada a fazer uma escolha extremamente difícil. Quando seus pais estavam se separando, teve de escolher com qual dos dois queria ficar. Para tornar a decisão ainda mais difícil, ela teve de escolher sem saber qual dos dois seu irmão e sua irmã tinham escolhido. Colleen escolheu a mãe, e seus irmãos foram viver com o pai. Passaram-se anos até que Colleen visse novamente a outra metade de sua família.

O pai de Colleen era um executivo poderoso, mas um homem a quem faltava a capacidade de expressar qualquer sentimento ou afeto. Ele era arredio e orgulhoso. Sua mãe era alcoólatra, fechada, emocionalmente recalcada, excêntrica e incapaz de traçar diretrizes positivas para sua filha. Embora houvesse muita riqueza, Colleen recebeu pouco carinho.

Quando jovem, já uma mulher, Colleen se sentia insegura e tinha medo de se expressar e de mostrar afeto. Ela carregava o fardo da família separada. No fundo, perguntava a si mesma se realmente merecia ser amada. Para se proteger, tornou-se solitária; sentia-se mais segura com animais do que com pessoas. Ela sabia que podia confiar nos seus cavalos e no seu dinheiro. Eles eram sua única segurança.

Para Colleen, relacionamentos masculinos praticamente não existem.

Dois homens, os dois guias espirituais, desempenharam papéis significativos em sua vida. Já que ela não confia em homens endinheirados — por causa de sua história com o pai — e acha os homens pobres irrecorríveis, os poderosos guias espirituais a atraem — os homens que estão um passo além do que o dinheiro pode comprar. Seus heróis são homens com missões a cumprir.

Eles não exigem um envolvimento emocional em níveis pessoais, problema com o qual ela não tem condições de lidar, de modo algum. Dessa forma, ela tem a figura do pai que nunca esteve com ela antes, e é capaz de evitar o relacionamento íntimo com um homem.

Parte de sua cilada com esses homens é o uso do dinheiro. Ela esbanja presentes e apóia suas causas, parcialmente na esperança de ganhar um lugar de importância junto deles.

O principal desafio de Colleen é validar a si mesma e saber que ela não tem de usar dinheiro para comprar amor. Seu carinho é o suficiente. À medida que começar a abrir-se mais para seu verdadeiro "eu", ela será capaz de tirar seus "homens-deuses" do pedestal. O poder não está neles, mas dentro dela.

Outras Formas de Orientação Não-Explícitas

Muitas vezes o pai ou a mãe
com quem temos realmente problemas
não é aquele que imaginamos

Sandra era uma mulher atraente que sempre tinha relacionamentos impossíveis ou insatisfatórios. Seu pai fora um homem que abusava sexualmente dela, e ela cresceu sentindo mágoas dele e não se sentindo amada. Seus problemas com os parceiros, ela achava, eram resultado daquela experiência dolorosa da infância. Quando o amor não aparecia no seu caminho, o medo se insinuava e ela achava que não era digna de ser amada e duvidava que um dia pudesse ser uma parceira capaz de apoiar o companheiro.

Embora seus problemas certamente parecessem estar relacionados ao pai, quando ela os explorou mais profundamente, percebeu que o ressentimento mais profundo era sentido em relação a sua mãe. Nem sequer uma vez sua mãe havia interferido para protegê-la. Em conseqüência disso, sempre que Sandra era tratada de forma cruel, a sua parte "mãe" não se adiantaria para aliviar suas dúvidas e medos. O padrão se repetia. Quando começou a reconhecer e a entender o padrão, ela parou de permitir que o negativismo a controlasse. Quando se pegou tendo pensamentos negativos, aprendeu a substituí-los por outros, positivos. Tornou-se responsável por amar a si mesma de uma forma que sua mãe não tinha sido capaz de fazê-lo. À medida que começou a expressar mais carinho e bondade por si mesma, outras pessoas começaram a tratá-la com a mesma consideração.

Nunca resolvemos nada quando nos voltamos
para o lado oposto. Atrair um parceiro que seja
o oposto do nosso pai ou da nossa mãe-problema
não vai resolver o problema real

Se o seu parceiro reflete o mesmo padrão ou o padrão oposto do seu pai ou mãe-problema, seus problemas com os pais não foram resolvidos. Estão apenas disfarçados ou ignorados.

Ainda temos de resolver os problemas da Luta com o Dragão! A solução vem quando permitimos que nossos pais sejam quem eles são e quando completamos o trabalho do nosso próprio crescimento. Assim, nossos padrões de relacionamento mudam e escolhemos conscientemente, em vez de reagir inconscientemente fora dos padrões da infância. A escolha verdadeira só acontece quando respondemos em vez de reagir.

Leona era filha de um pai passivo que, inesperadamente, era capaz de ficar com raiva, cometer abusos e tornar a atmosfera sufocante. A mãe, por outro lado, negava seus sentimentos e se recusava a expressá-los. Leona casou-se jovem. Sua decisão inconsciente foi: "Eu não quero me casar com ninguém como o papai." E ela não se casou. Casou-se com um homem muito mais parecido com sua mãe: sem sentimentos, distante, arredio. Para sua surpresa, em vez de continuar sendo a pessoa passiva, tímida que ela sempre tinha sido, tornou-se como seu pai, repetindo seu padrão de raiva explosiva com o marido. Enquanto isso, o marido se transformava no que tinha sido formalmente o papel de sua mãe.

O casamento acabou, e ela começou seu processo de cura. Ela expandiu sua Deusa Gritante da Guerra expressando seus sentimentos quando eles vinham à tona, mesmo que isso fosse constrangedor. Ela amadureceu sua capacidade de expressar sentimentos. Depois de vários anos sem um relacionamento masculino significativo e com muitas mudanças de ordem interior, o próximo relacionamento que ela atraiu foi muito mais equilibrado, refletindo sua identidade recém-desenvolvida.

A supervalorização ou depreciação de nosso parceiro significa que não resolvemos o paradoxo do Santo-Pecador com nossos pais

Enquanto embelezarmos ou diminuirmos nossos pais, não poderemos ver a nós mesmas nem a nossos parceiros de uma forma clara. Quando vemos nossos pais de uma perspectiva distorcida, não os vemos como pessoas reais. Eles são seres humanos, com atributos positivos e negativos. Quando conseguirmos ter uma visão realista dos nossos pais, quando valorizarmos tanto seus aspectos positivos quanto os negativos, seremos capazes de ver a nós mesmas e a nossos parceiros de modo mais claro.

A supervalorização ou a depreciação são indicadores claros do nosso desequilíbrio. Este se refletirá nos nossos relacionamentos. Conseqüentemente, ou supervalorizamos ou depreciamos nossos parceiros. De qualquer maneira, isso torna impossíveis os relacionamentos verdadeiros.

A mãe de Jeanette era forte, capaz e responsável. Seu pai, por outro lado, era pouco eficiente e carente. Embora ele tivesse uma renda adequada, ia para casa para se meter em frente à televisão e contava com a esposa para cuidar dele e para tomar todas as decisões relativas à família. Ele não queria se envolver nesses assuntos. Ele se comunicava muito pouco verbalmente e negava expressões físicas de ternura ou carinho.

Como filha mais velha, Jeanette se sentia sobrecarregada de responsabilidade. Ela desenvolveu a crença de que os homens são fracos e pouco eficientes. Não se poderia contar com eles. Na realidade, a vida era dura. No devido tempo, ela se casou com um homem passivo-agressivo. Eles tiveram desavenças desde o início. Representando novamente o padrão da mãe, ela se tornou exigente e honrada. Não sabendo como lidar com o controle dela, o marido se fechou, repetindo o papel do pai dela. O casamento terminou cinco anos depois.

Jeanette se atirou, então, ao trabalho, que, para ela, era um lugar seguro para expressar sua força. Teve muitos relacionamentos que não lhe inspiravam apoio. Os homens que ela atraía eram como o pai: eles queriam o colo da mãe. Ela os acolhia e depois resistia a esse papel, resvalando para a Fêmea Castradora e a Madre Superiora.

Quando Jeanette começou a analisar seu padrões, fez um esforço consciente para conseguir o equilíbrio dentro dela mesma. Um dos primeiros passos foi tirar seu pai do papel negativo. Ela finalmente conseguiu um equilíbrio entre sua delicadeza e firmeza, entre seus lados responsável e acolhedor. O resultado foi que ela começou a atrair um parceiro mais integrado.

A mãe de Anna viveu para o marido, sacrificando a si mesma. Faltava-lhe o sentido de sua própria identidade e ela tendia a ser não-comunicativa e passivo-agressiva. O pai de Anna era um homem bem-sucedido profissionalmente, com interesses amplos e gosto sofisticado, um amante das artes, da música e da cultura. Ele dava a Anna os valores positivos e conselhos claros, embora às vezes fosse controlador e inflexível.

Para Anna, o pai era quem estava no pedestal. Ela, como ele, era uma vencedora e escolheu uma profissão incentivada por ele. Até na aparência, tentava ser como um homem. Como acha os homens melhores que as mulheres, suas amizades são quase que exclusivamente com homens. Seu outro relacionamento significativo é uma cópia em carbono do pai. Ele é mais velho, requintado, bem-sucedido, profissional e extremamente teimoso, dominador e inflexível.

Embora Anna seja uma advogada de muito sucesso, ela ainda está em busca de conselhos e aprovação de um homem forte. Ela vê a mãe como fraca e ineficiente e, inconscientemente, quer ser o oposto dela, embora repita seu padrão de dependência em relação ao homem dominante. Anna deprecia o seu lado feminino: as emoções, os sentimentos, a capacidade de ser acolhedora. Quando Anna se abrir para esse seu lado, reconhecendo essa delicadeza, também poderá ser firme, pois não vai mais recriar o padrão da infância. Além disso, vai se comprazer com amizades femininas.

Toda pessoa que atraímos na nossa vida reflete uma parte de nós, mesmo que não seja claro que parte é essa

Quando alguém faz alguma coisa que nos faz reagir, isso acontece porque essa pessoa, de alguma forma, reflete a nós mesmas. Ele ou ela reflete ou a mesma qualidade ou um exagero desse atributo que possuímos e ainda não integramos. Em outras palavras, o que mais criticamos nas outras pessoas é aquela parte de nós mesmas que ainda não conseguimos dominar ou reconhecer. O espelho está ali, mesmo que não seja óbvio. Por exemplo, quando escrevi este livro, fui assistida por um amigo que é ao mesmo tempo um escritor sensível e criativo. Um dia, ele me telefonou para dizer que perdera algumas páginas do manuscrito. O quê? "Tinha perdido" algumas páginas? Logo ele? Isso me estarreceu. Eu não queria nem pensar! Eu teria de recriar aquelas páginas. Voltei para o meu computador, resmungando: "Mas como ele podia ter perdido essas páginas?" O mais engraçado era que eu não conseguia encontrar as páginas nas quais eu tinha acabado de trabalhar! Ele foi um espelho perfeito! Em vez de julgá-lo por ser desatento, pude ver nele aquela parte em mim que precisa ser mais bem organizada. Ao mesmo tempo, a criatividade dele e a minha também se espelham.

Exercício para Perceber a Co-dependência

Dê uma outra olhadela nos mesmos três relacionamentos que você usou no exercício anterior. Observe se esses relacionamentos refletem um ou mais dos quatro tipos de co-dependências. Você reconhece os mesmos padrões de comportamento de co-dependência nos três relacionamentos ou os seus padrões de co-dependência são diferentes em cada relacionamento?

O objetivo de todos os relacionamentos é tornar-se consciente e despertar o amor. Ser consciente significa ter responsabilidade tanto pelos tipos de parceiros que atraímos quanto pela qualidade desses relacionamentos.

Os Parceiros que Atraímos e Por Quê

— Quem eu poderia ser hoje? — eu perguntava para meu irmão mais velho, John, quando fazíamos a minha brincadeira predileta. — Devo ser a Betty ou o David? — E John decidia qual deveria ser a minha identidade para a brincadeira.

Nunca me ocorreu que eu pudesse fazer a escolha por mim mesma. John era o meu melhor amigo, o meu companheiro mais constante.

Formávamos um time fechado de irmão-e-irmã, que estava crescendo na era do Ozzie e Harriet dos anos de 50, em Front Royal, na Virgínia, uma cidadezinha pitoresca localizada nos pés das montanhas Blue Ridge. Era uma época em que as mulheres, em sua maioria, desempenhavam o papel tradicional de esposa e mãe, e os homens, em sua maior parte, eram os arrimos de família e tomavam todas as decisões importantes.

Minha idéia do que era ser uma mulher estava restrita aos modelos culturais limitados dos anos 50 e à Small Town, nos Estados Unidos. Não é de se surpreender que eu dependesse de John, o homem significativo da minha vida, para me dar a permissão de que eu precisava para expressar a parte mais livre da minha natureza. Eu tinha medo de reivindicar o meu próprio poder e tomar as minhas decisões.

Quando John dizia: "Seja Betty", eu deixava meus longos cabelos loiros livremente soltos, vestia um belo vestido e calçava sapatos pretos de verniz. Brincávamos de loja, de escola, de igreja, ou eu limpava cuidadosamente o meu quarto e estudava piano. Betty deveria ser bonita, agradável e conveniente. Às vezes eu me sentia uma vítima, traída e com raiva pelo fato de o meu lado aventuroso, divertido-amoroso e extrovertido estar sendo reprimido.

Nos dias em que John dizia: "Seja David", meus olhos brilhavam, eu corria para o meu quarto, amarrava meu cabelo, punha uma calça *jeans* e tênis e saíamos correndo, escalando, rindo e brigando, explorando florestas, travando batalhas e criando aventura. Era emocionante ser David. Ele era corajoso, positivo, competitivo. David, por outro lado, poderia ser exigente demais, fazendo-me sentir medo, sozinha e abandonada.

Por muitos anos, continuei a precisar de homens que me dissessem quem eu podia ser em qualquer momento, Betty ou David. Eu me transformei naquilo que meus namorados, meu marido, meus chefes e meus professores esperavam que eu fosse. Eu não tinha nem idéia de que havia outra opção. Levei muitos anos para perceber que não havia problema em ser "David" ou "Betty". Eu poderia juntar as duas partes de meu "eu", a feminina e a masculina, e me tornar uma mulher inteira. Eu poderia ser delicada e forte.

O Objetivo dos Relacionamentos

O objetivo de todos os relacionamentos é tornar-se consciente e despertar o amor. Ser consciente significa ter responsabilidade pelos parceiros que atraímos e pela qualidade de nossos relacionamentos.

Ser consciente também significa mudar quando observarmos que o que estamos fazendo não está servindo para nós ou quando percebermos que estamos voltando aos velhos padrões. E mudamos rapidamente e não esperamos sessenta anos ou seis anos ou seis meses, mas observamos e mudamos em seis minutos ou até em seis segundos. Criamos nossos padrões e podemos transformá-los. Podemos ser quem quisermos ser.

A verdadeira natureza da mulher é o amor. Queremos expressar o amor e recebê-lo de graça. Todos os relacionamentos são oportunidades para praticar e aprender sobre o amor.

Geralmente, o termo *relacionamento* ou *parceria* significa a outra pessoa significativa em nossa vida. Estou definindo *parceria* ou *relacionamento* para incluir não somente as pessoas significativas, mas todas aquelas que fazem parte do nosso círculo. Esses parceiros incluiriam os filhos, os chefes, os professores, os amigos, os parceiros de negócios, etc.

Num grau menor, os relacionamentos e os parceiros incluiriam aquelas pessoas de nosso círculo externo: todo mundo, desde o vizinho, do outro lado da rua, com quem falamos ocasionalmente, até o vendedor, com quem só temos breves diálogos, até cumprimentar, com a cabeça, os transeuntes na rua. Num sentido mais amplo, o círculo externo incluiria todas as pessoas do planeta. O fato de compartilharmos espaço na Terra significa que colidimos uns com os outros. Somos encarregados de destruir ou de melhorar a vida uns dos outros.

Alguns de nós escolheram um relacionamento de compromisso, e nossas lições são normalmente espelhadas por essa pessoa. Outros tiveram uma série de relacionamentos, com lições que acompanham cada um deles. Outros, ainda, não têm nenhum relacionamento significativo. Há muitos motivos para isso: estamos magoados, estamos em processo de cura, optamos por não ter um relacionamento por uma série de razões, reais e irreais, ou nem sabemos por quê.

Não podemos evitar o aprendizado. Se estivermos envolvidos num relacionamento de compromisso, a maior parte do nosso aprendizado sobre o amor estará provavelmente nessa parceria. Se não estivermos envolvidos numa parceria de compromisso, significa que aquela vida apresentará nossas lições de outras maneiras. Até mesmo nosso garçom, num restaurante, cujo nome nem sabemos, pode muito bem ser nosso espelho perfeito.

Não importa quais sejam as situações de vida que escolhemos para nós mesmos, na vida vamos ter muitos relacionamentos, com parceiros de vários tipos.

Nossa escolha não é o fato de fazer ou não parcerias. Isso já é sabido. A escolha é somente em relação à pessoa com quem queremos aprender, e se queremos evitar, negar ou prolongar o tempo que levamos para aprender.

O relacionamento mais importante que teremos é aquele com o nosso "eu". Todos os outros relacionamentos são uma extensão desse. Os tipos de relacionamentos que temos, entretanto, dependem totalmente de nós. Somos os únicos que temos de mudar para fazer um relacionamento diferente. À medida que mudamos, os que estão à nossa volta refletirão automaticamente essa mudança. Ensinamos às pessoas como elas devem nos tratar. De acordo com a reação delas, saberemos qual é a nossa opinião a respeito de nós mesmos.

É fundamental para toda mulher que se interesse por transformação examinar honestamente os relacionamentos que ela atraiu, particularmente os do seu círculo de amizades:

É preciso estar disposta a prestar atenção:

- Às qualidades positivas que a atraíram para essa pessoa (essa pessoa espelha as suas qualidades, das quais você pode estar consciente ou aquelas que você está começando a desenvolver)
- Às qualidades negativas (as partes rejeitadas)
- À resposta, que não funcionou, dada a essa pessoa (por exemplo: A Deusa Gritante da Guerra)
- Aos padrões de co-dependência (co-dependência emocional, mental, física ou espiritual)
- Ao ouro: qual era o valor desse relacionamento? O que você aprendeu — a mudança positiva?

Meu Objetivo Pessoal

Desde a mais tenra infância, eu trazia comigo uma grande certeza de que meu objetivo na vida era fazer um trabalho espiritual. Esse sentimento de um "chamado" começou com a idade aproximada de 4 anos, e permaneceu comigo até os meus últimos anos da faculdade. Não consigo me lembrar de um período sequer em que eu não estivesse intrigada com coisas do espírito, com os mistérios da vida interior. À parte de mim que foi chamada para o trabalho espiritual eu chamava de "Elizabeth". E havia a "Mary" — minha parte que estava intrigada com o mundo místico, o mundo íntimo dos sonhos e da intuição. Havia partes escondidas do meu "eu" que poucas pessoas conheciam. Quase todo o mundo me chamava de "Betty".

Na faculdade, escrevi para vários seminários. Eu achava que o meu trabalho e os meus objetivos na vida poderiam ser satisfeitos se eu me dedicasse ao sacerdócio. Mas as respostas foram desapontadoras. Os programas pareciam demasiadamente restritos e rígidos, limitados e fechados. Parecia que não havia lugar para explorar o que eu estava procurando: um lugar onde eu pudesse estudar as coisas que mais me fascinavam. Quase no final de meus anos de faculdade, comecei a perder a crença nos sonhos. Comecei a ouvir a "Betty", aquele meu lado que tinha sido ensinado por várias vozes, que me diziam: "A vida não é bem assim. Seja razoável, seja prática. Saia do mundo da Lua. Pare de ser uma sonhadora!"

Não aparecia nenhum parceiro com uma visão semelhante à minha. Foi então que encontrei Sean, o homem que se tornou meu marido. Sean não sabia a respeito da minha "Mary" ou da "Elizabeth". Ele se casou com "Betty", e Sean e Betty tinham tudo o que a sociedade considerava ideal — o casamento perfeito. Sean era um advogado famoso. Betty era a esposa atraente, competente, culta. Tínhamos um grande casa às margens do rio, muito *status* e muito dinheiro. Tínhamos tudo, exceto um objetivo comum e o mesmo ideal. Um casamento sem esses componentes será sempre um casamento limitado. Durante dezessete anos, preocupei-me com a forma, a aparência e o papel a desempenhar, tentando, constantemente, fazer o que os outros esperavam de mim. Betty optou por conforto e segurança e, em troca, renunciou àquela sensação profundamente sentida a respeito do espírito e àquele conhecimento intuitivo de que sua vida deveria ser uma vida de sacerdócio. Na vida de Betty havia um pequeno quarto para Mary e não havia função para Elizabeth. As duas se retiraram para um lugar esquecido dentro de mim mesma, e eu perdi seus endereços.

Por fim, meu casamento acabou. Na época, pensei que era porque Sean e eu não compartilhávamos o mesmo ideal, e eu queria crescer. Não havia espaço para respirar e havia um desassossego subjacente com o qual eu não sabia lidar. Eu não sabia, então, que era possível fazer mudanças dentro de mim mesma e dentro do meu casamento. Parecia que o divórcio era a única opção.

Qualidades positivas	Qualidades a serem desafiadas	Reação
Base semelhante Responsável Homem de família Segurança financeira Afetuoso Seguro	Diferenças filosóficas Sentimentos reprimidos Controle	Passiva Agradável

Co-dependência	Ouro
Mental (tomar as decisões familiares mais importantes e fazer escolhas relativas ao estilo de vida) Material (segurança financeira)	* Maternidade *Encontrar a minha identidade e mudar a direção da minha vida * Estabilidade

Com o divórcio veio aquela experiência desafiadora, dolorosa, horrível, confusa, de ser uma mulher em transição. Uma mulher em transição quase sempre é insegura e não é tranqüila. Não é mais a pessoa que costumava ser — e ela ainda não sabe quem é. Se o relacionamento termina porque o homem a deixa, ela fica com raiva. Se ela põe fim ao relacionamento, sente-se culpada.

Mulheres em Transição

Quando uma mulher está em transição, ela luta com as crenças, padrões e expectativas do passado e com um futuro difuso e amorfo. É provável que ela oscile de um extremo a outro — entre ser meticulosamente correta e perfeita e ser inconseqüente e aventurosa. Ela freqüentemente faz escolhas precipitadas, impulsivas, com resultados penosos. Ao mesmo tempo, a fase de transição pode ser um período de se correr riscos, um período divertido e de experimentação. Também pode ser um período rico de profunda reflexão interior e de descoberta de si mesma. Minha transição foi tudo isso.

Os relacionamentos que começam durante uma fase de transição raramente continuam. Quando uma mulher está em transição, ela atrai homens que espelham sua sensação de ser humano incompleto. Os relacionamentos tendem para uma destas três categorias: podem ser "abrasadores e velozes", "repetição de desempenho" ou relacionamentos "oscilantes".

Os relacionamentos "abrasadores e velozes" são intensos, com muito fogo, mas têm vida curta. Nesses relacionamentos, temos acesso a emoções antes negadas e as liberamos. O relacionamento de "repetição de desempenho" é uma duplicata exata daquele que acabou de terminar. São os velhos padrões que estão de volta, mas com novos nomes e lugares. Quando virmos a correlação do relacionamento antigo com o atual, poderemos sair rapidamente dele ou decidir dessa vez fazê-lo diferente de alguma forma. O maior dilema é que não vemos a semelhança entre os dois relacionamentos. No relacionamento "oscilante", você atrai o exato oposto do último relacionamento. É uma oscilação para o outro lado do pêndulo, o que significa que você ainda está lidando com o mesmo problema.

Qualquer que seja a experiência para a qual sejamos atraídos, estamos desmitificando nossas ilusões e aprendendo sobre o amor verdadeiro. Nossos parceiros podem ser nossos maiores professores porque eles nos forçam a nos ver.

Durante minha fase de transição, três figuras masculinas tornaram-se significativas para mim, cada uma espelhando diferentes aspectos do meu "eu". Dois deles já eram amigos; mas com a mudança em minha vida, assumiram diferentes papéis.

Não é de surpreender que, depois de dissolvido em divórcio o meu casamento prudente, seguro e previsível, a próxima fase de minha vida seria um contraste alarmante com tudo o que eu tinha conhecido antes. De alguma forma, eu sabia que precisava de uma rota de colisão para me abrir — e foi isso que eu atraí.

Abrindo o Coração — Jason

Jason era agradável, charmoso, um amante divertido, generoso, imaginativo, sábio, criativo e, acima de tudo, mágico. Jason estava constantemente celebrando as pequenas alegrias e a grande bênção de se estar vivo num universo cheio das surpresas mais incríveis e agradáveis, como conchas marinhas e contos de fadas, arco-íris e música. Com Jason, parece que o tempo parava. Eu podia não vê-lo durante meses e então passávamos alguns dias juntos e parecia que meses ou anos de aventura, emoção, magia e incrível paz estavam reduzidos àquelas poucas horas. Ele certamente era um místico, um homem com uma natureza interior rica e profunda. Com Jason, aprendi a linguagem dos sonhos, o mundo dos símbolos e das energias sutis. Foi por causa dele que os sonhos se tornaram os meus melhores amigos. Eu contava com eles para que me aconselhassem, aceitava a sabedoria deles e confiava completamente neles. Jason tinha um profundo entendimento do mundo dos sonhos, e eu tinha talento e avidez para aprender. Jason também me incentivou a desenvolver disciplinas interiores: a praticar yoga, a apreciar a solidão e a ouvir o que vinha de dentro de mim. Para Jason, as pessoas são sons e essências, e eu comecei a ver e a ouvir com a sensibilidade dele. Além de tudo isso, Jason tinha um coração aberto. Seu maior presente para mim foi sua capacidade de fazer com que eu me sentisse amada, valorizada e considerada como uma mulher.

O relacionamento abrangeu um período de nove anos. Éramos amigos queridos, às vezes irmão e irmã, às vezes professor e aluna e, finalmente, amantes. De várias maneiras, tínhamos muitos pontos em comum. Sempre havia uma bênção especial circundando a nossa união, como se houvesse algum tipo de providência divina. Freqüentemente as coisas mágicas pareciam acontecer quando estávamos juntos. Comecei a entender o fenômeno do "sincronismo". Se decidíamos que queríamos torta de maçã, na esquina seguinte haveria uma placa dizendo: "Prato especial do dia — Torta de maçã!" Se nos aventurássemos nas matas, de repente apareceria uma neblina, tornando o clima mais charmoso. Eu estava dando cursos na Califórnia e as circunstâncias levariam Jason ao mesmo lugar, no mesmo período. As peças do gigantesco tabuleiro de xadrez definitivamente se moviam a nosso favor.

Jason era despachado para me ajudar em decisões difíceis e estava pronto para me ajudar a ver de uma outra perspectiva. Era o cavaleiro que lutava por mim. (Mais tarde, reconheci nele aspectos de co-dependência mental e espiritual.) Se por acaso eu precisasse dele, eu simplesmente pensaria nele e dentro de vinte e quatro horas iria ouvir um agradável: "Mary, em que você está pensando?" De alguma maneira, parecia que o nosso relacionamento não era limitado pelo tempo ou pelo espaço. Em algum outro nível, estávamos ligados profundamente, talvez eternamente.

Então, tudo começou a desemaranhar. O fato de nos vermos apenas periodicamente, ao longo dos anos acabou limitando o nosso relacionamento. Como os sentimentos podem ser nobres e maravilhosos quando os encontros só ocorrem de tempos em tempos e sempre em situações exóticas e não-familiares? Mas quando chega a hora de passar um longo período juntos, acontece o inevitável.

Tínhamos ido para Outer Banks na Carolina do Norte para planejar alguns seminários juntos. Enquanto estávamos concentrados em nosso trabalho, as coisas corriam bem e a criatividade continuava fluindo. Mas quando as coisas pendiam para o nível pessoal, eu sentia uma dominação e um super-controle da parte de Jason. Do seu ponto de vista, ele estava simplesmente tentando me ajudar a "passar pelas coisas". Nessa ocasião, eu estava cansada de seu papel de professor. Não era o que eu queria ou aquilo de eu precisava. Jason dominou durante muito tempo. Jason era o professor e eu era a sua aluna favorita. No entanto, o jogo só pode continuar se, a uma certa altura, os dois concordam em continuar.

Todo relacionamento requer mudanças habilidosas nos papéis; às vezes podemos ser irmão-irmã, mãe-filho, pai-filha ou professor-aluno um para o outro. Mas se nos identificamos excessivamente com um papel, torna-se impossível uma amizade ou uma parceria verdadeira. Havia uma outra questão, no entanto, que era muito mais profunda e que eu só consegui perceber muito mais tarde. Eu ainda estava numa situação de ambivalência, não querendo me arriscar nem me comprometer totalmente com nada nem com nenhum parceiro. Jason tinha sido paciente e infinitamente habilidoso na apresentação das possibilidades do nosso relacionamento, mas a paciência havia se esgotado. Ele era definitivamente um cavaleiro dedicado a uma busca, mas sua busca o levaria a uma direção diferente.

A viagem de volta foi boa e ruim ao mesmo tempo, um prelúdio preocupante do final inevitável. Sempre tínhamos sentido um clima de amor e proteção à nossa volta; de alguma forma isso havia desaparecido, o que deixava um vazio perceptível. Tudo estava deslocado. Para começar, quando deixamos o hotel, perdemos a balsa. Enquanto esperávamos a próxima, fizemos uma caminhada numa praia deserta coberta de peixes mortos. Na estrada de volta para Virginia Beach, uma fêmea de pastor alemão saltou de dentro da mata. Jason desviou, mas não deu tempo de evitar o choque. A cadela ficou atordoada e correu, mancando e ganindo mata adentro. Procuramos por ela e até fomos ao armazém local para tentar identificar o dono, mas tudo em vão. O que tornava o episódio tão forte era que antes, por duas vezes, um pastor alemão salvara a vida de Jason. Estava tudo muito claro: a magia tinha nos abandonado. Não éramos capazes de levar o relacionamento para o nível seguinte. Depois de nove anos, o relacionamento tinha chegado ao final do seu curso. Era o fim, e era muito doloroso.

Muitos anos depois, tive um sonho extremamente claro. Nesse sonho, uma amiga da Holanda estava me contando um sonho que tivera. À medida que ela contava o sonho, comecei a interpretá-lo para ela. A interpretação fluiu claramente e sem esforço, como se Jason estivesse falando por meu intermédio. Era exatamente o tipo de clareza de que ele dera provas várias vezes. Naquele momento eu mesma estava vivenciando aquilo.

No nosso último encontro, Jason havia me dito que eu não precisava mais dele. Pude ver que era verdade. Com sua sensibilidade e profundidade, ele tinha me dado um grande presente. Por esse sonho, eu fiquei sabendo como era importante esse presente. A transferência foi completa. Alguns relacionamentos não são para sempre. São feitos para um período particular e com um objetivo especial. Ele fora o meu guia, minha ponte de um mundo para outro. Mas chega um tempo em que você precisa andar sozinha. Eu não precisava mais de Jason para refletir a Mary que estava consciente.

Sem Volta — Peter

A insistência na voz de meu irmão foi o que primeiramente me estimulou a encontrar o Peter. James e eu tínhamos passado muitos anos juntos, estudando e discutindo a Fonte material canalizada pelo grande clarividente americano

Qualidades positivas	Qualidades a serem desafiadas	Reação
Criativa	Sigilo	Passiva
Sensível	Planos superiores	Agradável
Generosa	Planos inferiores	
Intuitiva	O mais solitário	
Otimista		
Protetora		
Coração aberto		
Sábia		

Co-dependência	Ouro
Mental (clareza)	* Ame e aprecie a vida
Espiritual (sabedoria)	* Sensibilidade aumentada
	* Valorize-se como mulher
	* Profundidade/intuição

Edgar Cayce. James estava convencido de que Peter Davidson era tão sensitivo quanto Cayce.

Nessa época, eu tinha certeza de que a minha etapa de "guru" tinha acabado. Eu já fizera uma peregrinação à Índia para conhecer a sabedoria do Oriente. Lá eu conheci um guia espiritual, e começamos a nos corresponder, o que durou dois anos. Eu sentia que superara a necessidade por esse tipo de relacionamento e não estava procurando um outro professor de fora para guiar o meu crescimento interior. Assim, foi com alguma relutância que concordei em encontrar James em Virginia Beach, no centro onde Peter presidia seu culto dominical. Eu havia estacionado o carro a vários quarteirões de distância e estava tirando as chaves da ignição quando observei um homem que descia a rua.

Sua aparência física não me atraiu de forma alguma; mas havia algo magnético e muito familiar nele. O cabelo grisalho estava puxado para trás de um modo que eu não achei atraente. Estava vestido com um terno desajeitado de poliéster marrom e usava uma gravata dourada que combinava com a camisa. Eu tinha um grande preconceito contra o poliéster. Não era só isso, mas, pelo que podia julgar, era uma combinação de cores de muito mau gosto. Minha mente racional pôde vir à tona com motivos para rejeitá-lo. No entanto, o meu "eu" sensível o achou mais atraente.

O que era aquela estranha familiaridade que eu sentia por aquele estranho? De onde e desde quando? Fiz uma retrospectiva até minha infância. De repente, lembrei de seu rosto dentre os muitos que eu vira durante aquele *flash* para o futuro, que eu tinha vivenciado quando criança. De algum modo, eu já o conhecia. Havia uma vitalidade em torno daquele estranho, um certo entusiasmo enquanto caminhava, uma sensação de que ele caminhava com Deus. "Aquele deve ser o Peter", pensei. Mesmo a distância, eu senti uma grande energia que se irradiava dele e uma íntima ligação. Certa energia percorreu-me o corpo, como uma corrente elétrica, do topo da cabeça até a ponta dos dedos dos pés. Fiquei sentada no carro por alguns instantes, perguntando-me se eu deveria ir àquele culto. Se eu fosse, sabia que a minha vida nunca mais seria a mesma. Minha premonição provou-se correta.

Peter presidiu um culto de comunhão naquele dia. A bênção que ele deu foi "Conte com o fato de mudar a partir desta experiência". E eu contei com isso. Não havia volta. Elizabeth, a mulher que tinha um objetivo, tinha sido despertada.

Havia algo tão vivo nas palavras de Peter, algo tão claro nos seus ensinamentos que uma parte inativa, dormente do meu "eu" respondeu imediatamente às suas palavras. E eu senti uma profundidade espiritual, uma volta para o meu "eu" verdadeiro. Minha ligação com Peter durou doze anos. Durante esse tempo ele foi um mentor, um amigo amado e um irmão — e o ser humano mais escandaloso, paradoxal e imprevisível que eu já conheci.

Quase desde o início, Peter me incentivou a ensinar. Freqüentemente, eu ensinava com ele em vários lugares: Londres, Nova York, Califórnia, Texas, Israel. Outras vezes, eu viajava e ensinava sozinha. Estar com ele despertava a minha criatividade e desafiava a minha mente e a minha capacidade para chegar ao máximo. Eu adorava ser provocada.

Uma das minhas primeiras experiências com Peter continua sendo uma das minhas maiores preciosidades. Meu irmão James e eu estávamos visitando Peter, batendo papo em sua sala de estar, quando se ouviu um forte e insistente estrondo na porta. Na soleira havia um homem desalinhado, de aproximadamente 40 anos, cheirando a álcool e um tanto trêmulo, não barbeado, vestindo roupas amarrotadas que pareciam estar sendo usadas há alguns dias. O homem, obviamente, estava sofrendo muito. Ele não era conhecido de nenhum de nós, mas tinha estado num dos cultos de Peter meses antes. Durante o culto, algo profundo o havia tocado, e naquela hora de crise ele estava procurando ser ouvido, ajudado. Peter parou com tudo e simplesmente o ouviu, atentamente. O homem, às vezes, era incoerente, mas a atenção piedosa de Peter e suas poucas palavras muito bem escolhidas aquietaram aquele espírito perturbado e lhe deram o conforto de que precisava.

O que me chocou ainda mais foi o olhar de Peter depois que o homem se foi. Foi clássico, atemporal, um olhar de compaixão total e de amor profundamente sincero. Era uma expressão que eu iria ver freqüentemente durante os anos em que estivemos juntos.

Com Peter tive muitas experiências com o Espírito Maior e com situações alteradas. Peter abriu a porta para novas dimensões de realidade para mim. Uma experiência especial me vem à mente agora. Peter e eu estávamos numa conferência em Chicago. Harmon Bro, um conferencista e escritor popular sobre as leituras de Edgar Cayce, estava no programa. Durante a conferência, ele lembrou com muito sentimento o nascimento de seu quarto filho. Ele estava na sala de espera do hospital, sozinho, quando começou a ouvir música. Mas não havia um som audível, não havia música ambiente. O que ele estava ouvindo era a música das esferas, os sons que acompanham o nascimento de todas as almas. Meu coração explodiu com esse pensamento. Lágrimas correram pelo meu rosto. Se a prece é o desejo do coração, então eu fiz uma prece poderosa para que eu também pudesse um dia ouvir a música celestial.

Logo eu soube que em pouco tempo essa prece seria ouvida. Na noite seguinte, o orador foi Peter. Depois de sua fala, Peter presidiu um culto de cura. Enquanto o público cantava "Aleluia" como um som de acompanhamento, ele convidou alguém que quisesse que a cura se manifestasse pela imposição de mãos; senti vontade de ir para a frente. Quando Peter tocou a minha testa, senti como se o topo da minha cabeça estivesse aberto e houvesse um enorme funil, elevando-se para os céus. Fui levada para uma outra realidade. Eu ainda estava ciente dos vagos "Aleluias" ao fundo. No entanto, eu podia ouvir música etérea e ver cores indescritíveis de outras dimensões.

Essa "abertura" foi uma das muitas experiências com situações alteradas que tive com Peter. Há um perigo sutil num relacionamento com um "homem-deus". Precisamos sempre fazer uma distinção clara entre a experiência e o catalisador. Se essa distinção não ficar clara, haverá uma dependência doentia do outro pela sua vida espiritual, que pode impedi-la de confiar na sua própria fonte interior.

Num nível pessoal, havia diferentes desafios e paradoxos a serem resolvidos. Por um lado, a experiência com Peter e sua organização espiritual eram gratificantes e me realizavam. Havia oportunidades para ensinar, aprender e compartilhar num grupo dedicado a um ideal comum. O impacto do grupo teve um longo alcance, expandindo-se para a Europa, África e Austrália. Eu me realizava com o extenso âmbito da minha visão. Era gratificante ver a vida das pessoas serem mudadas. Fiquei tão ocupada com a novidade de tudo aquilo, com as viagens, os cursos, o planejamento e a organização, tudo o que eu achava tão estimulante que esqueci meus problemas com Peter.

As questões não-resolvidas da minha Luta com o Dragão estavam sendo finalizadas com Peter e, por muito tempo, fui uma participante inconsciente das batalhas. As mesmas qualidades que eu tinha admirado no meu pai foram transferidas para Peter. Havia uma admiração pelo seu conhecimento, um desejo ardente pelo sua compreensão filosófica, um respeito pela sua força e autoridade, e um absoluto prazer em seu humor. Os sentimentos profundos que eu tivera tão naturalmente pelo meu pai foram transferidos para esse outro homem sábio, forte. E a mesma harmonia estranha que eu tinha com meu pai, sabendo as palavras que ele ia usar mesmo antes de dizê-las, tendo as

180   *A Mulher Emergente*

sensações, mesmo quando não eram expressas, também se dava com Peter. Os dois homens eram "rabinos" amados.

Eu respeitava esses dois homens como figuras de grande autoridade e reagia ao controle dos dois. Eu era especial para meu pai e para Peter. Uma parte de mim gostava dessa condição de ser especial, e eu representava isso como a Passiva Agradável e a Virgem Salve-me, ficando na retaguarda, num papel de apoio, devotada a Peter e ao seu trabalho.

À medida que o tempo passava, notei que ao supervalorizar o bem-estar de Peter, a sua saúde, as suas necessidades de organização, eu estava perdendo o sentimento dos meus próprios limites. Ser orientada pelo outro e negligenciar o "eu" são típicos da co-dependência. Fiquei alerta para o meu dilema. Por baixo da passividade e da máscara de simpatia, havia hostilidade.

A raiva não era dirigida a Peter, mas a mim mesma, por ser co-dependente emocional, mental e espiritualmente. É claro que a raiva era velada, exatamente como eu tinha dissimulado a raiva que, às vezes, quando criança, eu sentia do meu pai.

Peter era o centro de sua organização, com o resto do pessoal desempenhando um papel de apoio para sua liderança. Quando meu trabalho começou a se expandir, tornou-se extremamente difícil manter um equilíbrio entre apoiar Peter e atender às minhas próprias necessidades. Meu relacionamento com Peter mudou. Agora, em vez de ser especial, eu estava sujeita a duras críticas.

— Você não é dedicada ao trabalho. Você só quer fazer as suas coisas! — era a recriminação que eu ouvia.

Eu vacilava, com medo de seguir por minha própria conta, mas, ao mesmo tempo, querendo fazê-lo. À medida que meu trabalho se desenvolvia, pude ver que estava indo numa direção diferente da de Peter, e eu não via como os dois caminhos poderiam se unir. Se eu ia ser uma parceira, como ele sugeria, eu precisava estar comprometida com o trabalho dele em tempo integral. E embora eu me afinasse muito com a visão de Peter, havia uma outra agitação em mim que não podia ser acalmada. Peter não podia entender nem adotar essa agitação, e eu não a negaria, nem podia negá-la.

Nós dois vacilávamos. Ele estava tão contraditório quanto eu. Peter deixou claro que ele estava casado com seu trabalho. Qualquer relacionamento além do objetivo desse trabalho era uma distração. Por outro lado, havia períodos em que se desenvolvia um forte relacionamento pessoal, com momentos maravilhosos de proximidade e intimidade tentadoras. Havia excesso de medo e insuficiência de confiança. Eu queria me afastar e ao mesmo não queria me afastar. Eu me sentia dilacerada. — Quero você do meu lado, como minha parceira. — E depois, dizia: — Um relacionamento pessoal interfere no trabalho. — Ele era o espelho perfeito da minha indecisão. Um amigo, era isso. Um parceiro de aulas, mas não um parceiro em nível pessoal. Nunca houve uma retribuição verdadeira. Em momentos fugazes, isso tinha passado pela minha cabeça, mas eu prontamente descartaria o pensamento como evasivo demais, não-real. A confusão era a lealdade veemente que eu sentia, que estava além de qualquer coisa pessoal. Isso não era descartado tão facilmente.

Levei muito tempo para aceitar a verdade. Eu queria sair dessa situação, mas não era honesta ou não estava suficientemente tranqüila para fazer a escolha. Durante dois anos tive uma forte sensação de que tinha aprendido o que eu precisava do trabalho com a organização. As trocas contínuas na organização, que sempre me pareceram fascinantes, agora pareciam ser um vórtice doentio de confusão. Para mim já era hora de seguir uma outra direção; mas em vez de simplesmente decidir ir, eu me culpava e criticava. É muito mais eficaz ir em direção de alguma coisa. Eu estava preferindo encontrar defeitos para racionalizar a minha decisão de ir embora. Tinha ido da lealdade cega para o criticismo abjeto, de um lado do pêndulo para o outro. Nós nunca resolvemos nada quando procuramos simplesmente o oposto.

Num dia em particular, eu estava passando o tempo com um bom amigo. Estava me sentindo mal-humorada e irritada. O mau humor aumentou e meu amigo tentou me ajudar a acabar com esse desânimo. À medida que conversávamos, algo foi desencadeado de meu íntimo — raiva e fúria que estavam lá desde a infância. Descontei no meu amigo, tornando-me tão veemente que pensei que podia tê-lo matado. Para minha sorte, meu amigo também era um terapeuta talentoso. Ele imediatamente mudou de comportamento. Tornou-se absolutamente impassível, permitindo que eu tivesse o meu espaço, de modo que eu pudesse sentir o que precisasse. Ele foi calmo e protetor o tempo todo e teve sensibilidade para saber quando dar espaço para mim e quando ser um guia tranqüilo.

— Você pode confiar em mim — disse ele. — Sejam quais forem os sentimentos que você quer expressar, seja o quer for que você precise dizer, agora é o momento de fazer isso. Coragem!

Essa era toda a permissão de que eu precisava. Senti-me segura. Todos os sentimentos e emoções que eu tinha reprimido ou negado educadamente por tanto tempo saíam aos borbotões, como uma torrente incontrolável. Eu gemia e soluçava. Eu me mortificava e esbravejava impiedosamente, no meu acesso de raiva. Fui incentivada a ir em frente.

No início, eu estava com raiva de Peter e, depois, do meu ex-marido; por fim, com raiva de tudo. Assim, das profundezas do meu "eu", do verdadeiro âmago do meu ser, uma raiva e um ressentimento vieram à tona contra o meu pai. Lembranças e sentimentos esquecidos se avolumaram. Lembrei as vezes em que ele me desapontou, que não me defendeu, que me havia negado o tempo especial de que eu precisava. A mágoa e as lágrimas pareciam não ter fim. Eu me sentia desamparada e indefesa, como se eu tivesse penetrado um mar interminável de dor. O medo era que eu ficasse presa, de que fosse uma prisioneira sem saída. Cheguei a um momento de profunda catarse. A escolha de um momento como esse nunca pode ser planejada. Embora possa haver ajuda, ele deve ocorrer de forma espontânea. Eu sabia que não podia ser forçada a adentrar minhas profundezas, pois eu iria me sentir pressionada a agir. Eu havia recebido um espaço sagrado para estar inteira na experiência, para permitir que ela acontecesse, sem forçá-la nem impedi-la. Houve um momento sutil em que percebi que poderia abafá-la novamente, como tinha feito no passado, ou me aprofundar cada vez mais na experiência. Entreguei-me totalmente ao momento. Mais lembranças, mais soluços e, então, um profundo alívio. Tive a sensação esmagadora de amor e intensa paz. Meu pai não tinha mais de ser o parâmetro perfeito, impecável, de força e sabedoria. Ele era um ser humano, com defeitos e virtudes. Agora eu podia amá-lo de uma maneira muito mais profunda e madura. Os últimos vestígios da Luta com o Dragão chegavam ao fim. Era hora de dar o último adeus à superidentificação com o papel de Passiva Agradável. Era hora de ser dona de um "eu" mais verdadeiro.

A catarse resolveu o paradoxo com Peter. A questão não era mais eu ser a favor de Peter e do seu trabalho ou contra tudo isso. Os paradoxos são resolvidos quando saímos da dualidade. Meu foco tinha mudado. Eu estava pronta para seguir o meu coração, ouvir o meu ritmo e entrar numa fase diferente do trabalho e objetivo da minha vida. Não havia confusão, conflito, não havia nada com o que lutar, nem contra nem a favor. Era um processo natural, não para ser temido ou negado, mas para ser bem-vindo e abraçado.

Dois sonhos confirmaram essa nova direção. Nos dois sonhos eu estava sentada a uma mesa, de frente para Peter, conversando direta e claramente. Peter estava sem barba, que eu associava com sua imagem pública. Não havia fachada, capa, eu podia vê-lo como ele era. As máscaras tinham sido tiradas, as fantasias tinham acabado. Nós nos comunicávamos com franqueza e sinceridade. Eu não tinha mais necessidade de bajular ou de criticar injustamente. Ele era um homem maravilhoso, um professor talentoso. Os sonhos indicavam que eu chegara ao equilíbrio com meu lado masculino. Iria haver mais liberdade em seguir minha autoridade interior. O paradoxo fora resolvido. Eu estava em paz.

Qualidades positivas	Qualidades a serem desafiadas	Reação
Determinação	Sentimento	Passiva
Inspiração	supervalorizado/menosprezo	Agradável
Consciência	Mudanças emocionais	Bruxa que
Fé	imprevisíveis	Definha
Compaixão	Ocultação dos sentimentos	
Conhecimento		

Co-dependência	Ouro

Espiritual (conhecimento)
Emocional (confusão e incerteza)
	* Conseguir minha própria
	  inspiração
	* Ter responsabilidade pelo
	  meu trabalho
	* Habilitada a ensinar
	* Conhecimento

Chegando ao Esclarecimento — Francis

No meu mito, Peter era um rei poderoso, e Jason o meu cavaleiro brilhante. O rei é um homem autoritário, verdadeiro e compreensivo. O cavaleiro vai em busca do grande ideal. Ele é romântico e mágico, está ali para travar batalhas e ser um protetor. Os dois, o cavaleiro e o rei, gostam de ter uma dama agradável a seu lado. Com os dois eu desempenhava a "Passiva Agradável" com muita freqüência.

Jason abriu o meu coração, Peter ligou-me ao Espírito Maior. Eu estava definitivamente emergindo, mas o processo não estava completo. Eu precisava me tornar muito mais verdadeira. Era muito fácil ignorar e encobrir o que eu não queria ver ou aquilo com o que eu não queria lidar, e procurar por reconhecimento e confirmação fora de mim.

E o Universo enviou Francis.

Minha primeira impressão de Francis foi favorável, mas não notável. Não houve nada no primeiro encontro que indicasse o papel importante que ele ia desempenhar na minha vida. Talvez porque sua formação fosse tão diferente da minha. Ele veio do norte da Filadélfia, um mundo totalmente desconhecido para mim. Antes de se retirar para buscar seu caminho espiritual, ele tinha tido um bar noturno e tinha ganho a vida como *barman*.

Francis era astrólogo e terapeuta. A astrologia era algo a que eu nunca tinha dado muito crédito. Mas, na época, fazia seis meses que eu e meu marido tínhamos nos separado. Com todas as mudanças na minha vida, eu estava pronta para ser ajudada, qualquer que fosse a ajuda.

Marquei um horário para uma consulta. Quando chegou a hora da sessão, Francis me acolheu calorosamente. Quando nos sentamos, senti o olhar penetrante de seus olhos castanho-claros, como se ele estivesse me atravessando com o olhar, até a ponta dos pés.

Com uma pequena introdução, ele começou a consulta. — Quando você era menina, às vezes tinha dificuldade para entender a sua mãe — começou.

Não era uma pergunta, mas uma afirmação! Eu estava sem defesa. Como ele podia saber algo tão pessoal assim! — Você não foi uma criança fácil. Você a desafiava. Mas por outro lado, ela lhe dava a sua força de caráter. Você dá valor a isso? — perguntou ele.

"Dar valor a isso", pensei. "Eu nunca tinha pensado nisso dessa forma."

— Ela é a professora perfeita para você. Por isso que você a escolheu. Olhe aqui — disse ele, levantando o que obviamente era o meu horóscopo. — Você é muito feminina, superfeminina, ao extremo, sempre cedendo, sempre se adaptando ao seu meio. Você se torna o espelho perfeito, refletindo o que você pensa que os outros querem de você, especialmente os homens. Você não pode fazer isso com sua mãe. Ela a obriga a tomar uma posição e isso a ajudou a desenvolver a sua força.

Os comentários dele soavam muito claros. Imediatamente eu soube o que ele queria dizer, mas eu nunca tinha pensado nisso de uma forma tão positiva.

— Quando criança, você era muito intuitiva. Teve muitas experiências visionárias. Houve vezes em que você sabia das coisas antes de acontecerem, não é?

Eu nunca tinha falado a ninguém das minhas experiências da infância. Tinham sido sempre um segredo. De repente, uma porta do meu "eu" interior se abria largamente. Ele tinha a chave. O quarto era escuro e cheio de segredos. Eu não sabia se queria acender a luz para mostrar tudo o que estava lá dentro, mas pelo menos eu sabia que não queria fechar a porta.

— Seu gráfico mostra que agora você está numa fase de transformação — disse. — É como se houvesse duas pessoas diferentes, um "eu" antigo, que você está deixando para trás e que se identificava com as expectativas dos outros, e um novo "eu", que vai ensinar e viajar, que vai levá-la a muitas partes diferentes do mundo. Esse é o seu destino — disse, e eu me arrepiei com a sua franqueza. E depois, com um tom de voz que soava como um alerta, continuou: — Mas você tem de se fortalecer interiormente. Caso contrário, sempre será absorvida por qualquer pessoa com quem esteja e perderá sua identidade.

À medida que ele falava, alguma coisa pareceu explodir dentro de mim. Seu semblante começou a mudar, e ele começou a ficar envolvido numa luminosidade intensa. Uma grande variedade de imagens, numa sucessão rápida, brilhou em seu rosto e desapareceu. Talvez tenham sido as subpersonalidades, as encarnações anteriores. Eu não soube determinar como elas eram.

Eu nunca tinha tido uma experiência como aquela. Suas palavras pareciam revelar novas partes do meu ser. Subitamente, senti uma ligação incrível com ele, que transcendeu a dimensão física. Assim, de repente, eu estava olhando dentro do seu corpo, como se a sua carne tivesse se dissolvido, expondo seus ossos, órgãos e artérias. Ao mesmo tempo, pude sentir sua intensa ligação comigo. Foi magnético e cheio de energia. Não havia nada que eu tivesse sentido antes que pudesse me dar uma referência para esses sentimentos. Estavam além do meu controle.

Percebi, com aquela intensa ligação estabelecida tão repentinamente, que devíamos ter nos conhecido em outras vidas. Nossa ligação era forte e profunda demais para um primeiro encontro. Eu estava com uma sensação estranha. Ele sabia coisas que eu nunca tinha compartilhado com ninguém e que eu tinha admitido para mim mesma com muita dificuldade. Eu estava ao mesmo tempo fascinada e apavorada. Por um lado, senti um impulso instintivo de tentar esconder partes da minha vida que eu estava pronta para revelar. Durante anos fui condicionada a ser vaga e dissimulada.

Era como se uma parte de mim estivesse gritando: "É isso! É disso que você precisa. Seja sincera e ouça." E, ao mesmo tempo, uma outra parte de mim estava lutando para proteger o meu ego e se ofendendo com a invasão da minha privacidade, com medo da dura realidade. Vi-me chegando aos limites para ser sincera e indo além, depois, ainda assim embaraçada por não ser tão sincera e honesta quanto eu poderia.

Isso é ridículo, pensei, depois de terminada a sessão. Por que eu estou escondendo coisas? Por que achei necessário ficar dissimulada e expressar coisas com palavras que eu pensava que seriam aceitáveis para ele?

No dia seguinte, nos encontramos novamente e fizemos uma longa caminhada pela praia. Ele continuou a me fazer perguntas. Se uma resposta não parecia correta, ele fazia outra pergunta, indo mais profundamente. Não havia resposta superficial. De alguma forma, eu sabia que precisava de uma rota de colisão para me abrir, e o que eu estava atraindo era o relacionamento mais desafiador da minha vida. Por um lado, eu queria transpor as barreiras do ego impostas por mim mesma. Assim eu atraía um homem que iria insistir em sinceridade, que iria me confrontar com o meu ponto de maior vulnerabilidade e iria desafiar meus valores. Nosso relacionamento evoluiu rapidamente. Foi intenso, apaixonado e honesto.

Não havia jeito de enganar Francis, de contar uma meia-verdade ou de tornar alguma coisa melhor do que era realmente. Não era preciso "enfeitar as coisas". Francis me desafiou a deixar de lado as aparências, a prescindir da necessidade de ter "respostas certas". Dizer somente a verdade. Eu me esforçava para ser sincera, descobrindo continuamente novas barreiras e deixando de lado a minha resistência, conhecendo novas dimensões de liberdade. Era desafiador, libertador, assustador. Eu nem bem sentia que havia cruzado um limiar, e lá estaria outro me encarando fixamente. Eu estava alcançando os limites da minha sinceridade, resolvida a ir além daqueles momentos inconvenientes. Quando achava que era muito ameaçador ou mais do que eu podia agüentar, eu simplesmente me fechava.

Havia momentos em que eu, tranqüilamente, era capaz de derrubar as barreiras do ego para alcançar um novo pico de intimidade, de sinceridade, compartilhando algo que era totalmente novo para mim. Era um nível de amor que eu nunca tinha sentido antes. Isso estabeleceu um ponto de referência no qual eu não precisava esconder nada e ser totalmente aceita. Freqüentemente, porém, eu atingia sexualmente esses picos de intimidade. Nessa época, eu podia me perder em Francis durante dias; nós podíamos viver num mundo de fantasia. Nós dois podíamos conversar livremente sobre tudo. Depois de anos de tantos sentimentos reprimidos, era um alívio muito bem-vindo não ter de fingir, ser natural apenas, e amar, e rir, e existir.

Todavia, Francis foi um guia inestimável quando passei pela confusão de resolver o meu passado a partir do presente. Passávamos horas conversando sobre tudo. Eu estava cheia de incertezas a respeito de muitas coisas. Eu confiava nele, em vez de confiar no meu próprio "eu".

Nessa época, Peter e Jason ainda eram importantes para mim. Peter me estimulava a ensinar e freqüentemente viajávamos e ensinávamos juntos. Era fascinante, gratificante, estimulante. Quando eu estava com ele, ficava totalmente absorvida por Peter e pelo seu trabalho. Quando Jason e eu estávamos juntos, ficava presa à nossa parceria mágica, e Francis ficava fora da minha mente, fora de meus pensamentos — até eu estar com ele novamente.

Francis estava disposto a um relacionamento de compromisso, eu, não. Eu ainda gostava bastante de Peter e de Jason. Ou achava que gostava. Quando Francis me confrontava com a minha hesitação, eu ficava novamente absorta por ele. Eu estava disposta a espelhar tudo o que eu sentia ou pensava que ele queria ver ou ouvir, e isso o enfurecia.

— Como você pode me amar, e ainda querer estar com outros homens? Você é como uma folha ao vento! — vociferava. — Você não sabe que posição tomar!

Era impossível ser a Passiva Agradável outra vez. Eu não queria reconhecer minhas incoerências; por isso, tornei-me a Donzela Glacial — fria, afastada, distante, retraída. E quanto mais fria eu me tornava, mais irado ele ficava. Ele tinha verdadeiros acessos de raiva, faiscantes, vulcânicos, que me ameaçavam e me confrontavam com ele. E enquanto ele exteriorizava sua raiva e seus ressentimentos, os meus ficavam contidos. Ele era a minha sombra, dramatizando a raiva não reconhecida que eu não conseguia expressar. Era um grande drama — extremos turbulentos e planos feitos às cegas; fogo e gelo, não amor.

Em última análise, tínhamos chegado a um impasse. Eu não queria deixá-lo e queria todo o resto também! E ele insistia que eu tinha de fazer uma escolha. Convenientemente, eu evitava a questão e ele queria forçá-la. Eu tinha pavor de vê-lo, mas depois eu me rendia ao seu magnetismo e paixão. Depois de nossas relações sexuais, as questões não-resolvidas ainda permaneciam.

Estávamos nos dilacerando um ao outro, insistindo na crise do relacionamento e não sendo capazes de terminar tudo — e ainda chamando de amor aquela nossa relação viciada.

Fiquei aliviada quando apareceu a oportunidade de fazer um circuito de palestras com Peter. Foi um alívio bem-vindo e uma fuga. Durante duas semanas, pude deixar Francis para trás; mas, na noite em que voltei, as cartas foram postas na mesa, inevitavelmente.

Não fazia mais que trinta minutos que eu tinha chegado quando Francis me telefonou. Começamos a discutir. Irritada, desliguei o telefone. Em seguida, ouvi umas pancadas fortes e insistentes na minha porta. Da janela pude ver Francis, e ele estava com raiva! Eu simplesmente não queria lidar com a situação; então, ignorei as pancadas. As pancadas ficaram ainda mais fortes.

— Vá embora! — falei de trás da porta. — Amanhã conversamos sobre isso.

— Isso não pode esperar! — insistiu ele.

Eu não queria lidar com o drama e com a emoção. Francis deu a volta e foi até a porta dos fundos para ver se, de alguma forma, ela podia ser aberta. Encontrando-a fechada, voltou para a porta da frente e esmurrou insistentemente a porta. Novamente, ignorei o barulho.

— Francis, conversamos sobre isso amanhã. — O ressentimento na minha voz era óbvio.

— Com os diabos! — gritou. De repente, como numa cena de filme barato, Francis deu um pontapé na porta trancada, provocando um estrondo retumbante ao arrancar os batentes da parede.

"Isso é loucura", pensei enquanto ele avançava pela porta caída. "Quem ele pensa que é?" De repente, fiquei aterrorizada ao perceber como era idiota toda aquela situação. De qualquer maneira, eu estava metida numa enrascada!

— Saia daqui! — gritei, enquanto investia contra ele e tentava empurrá-lo pela porta quebrada. — Saia! Nunca mais quero vê-lo novamente!

As mãos dele estavam me agarrando com força. Francis me puxou pela nuca, empurrou-me até o quarto e me jogou na cama. Eu estava muito assustada para reagir. Ele me olhou fixamente, com os olhos faiscando de raiva, os lábios tremendo com força refreada. E então, sem dizer uma única palavra, ele se endireitou, virou-se de repente e saiu, enraivecido.

Eu me senti violentada, irada, amarga e aliviada por ter acabado.

Não ouvi falar de Francis durante três anos. Por muito tempo me senti muito crítica e superior com relação ao que havia acontecido. Eu era definitivamente a vítima da raiva dele ou, pelo menos, essa era a minha interpretação. Como é conveniente exteriorizar a culpa! Dessa forma, prolongamos e evitamos a responsabilidade pessoal.

Fazendo uma retrospectiva, esse episódio foi uma metáfora importante do que estava acontecendo dentro de mim. Por anos a fio eu havia sido condicionada a ser vaga e dissimulada; agora a porta tinha sido aberta à força. Francis (ou aquela parte de mim que estava com raiva por causa do fingimento) estava decidido a vencer todas as minhas barreiras, e eu também estava decidida a tentar me proteger. Eu queria me agarrar à imagem que eu tinha de mim mesma. Eu gostava de ser admirada, procurada e considerada muito espiritual. Eu queria estar no topo da minha montanha, com meus sonhos e visões, e não lá embaixo, nas minhas planícies, lidando com emoções e encarando os meus medos.

A porta aberta à força, com o batente arrancado da parede e as lascas voando pela casa, era o choque de que eu precisava para acordar e olhar firmemente para as partes escondidas, escuras e sombrias do meu "eu".

O Processo de Cura: o Caminho para o Amor

Nos três anos que se seguiram, trabalhei no sentido de me fortalecer. Todos os meus relacionamentos anteriores com homens tinham tido um fim repentino. Meu pai tinha morrido, eu estava separada do meu irmão James, Jason estava casado, Francis tinha ido embora, e meu trabalho com Peter estava reduzido ao mínimo.

Nessa época, em vez de preencher meu tempo com relacionamentos, eu gastava meu tempo comigo mesma, olhando para dentro de mim.

Explorei os padrões repetidos e o feminino negativo e quis saber todos os seus nomes: Donzela Glacial, a Abelha Rainha, a Passiva Agradável, Salve-me, e muitas outras. Ao abranger todas essas partes, o poder delas sobre mim se difundiu. Eu tinha tocado as minhas profundezas; eu estava pronta para planar. Passei o tempo me amando, me apoiando e observando quando eu voltava para os modos e relacionamentos anormais, que tinham sublevação, insegurança, discussões, muita adrenalina, incerteza e a co-dependência emocional, que tinha sido o meu maior desafio. Em vez disso, eu estava transformando a minha necessidade por incitação doentia, como ficou evidenciado na minha necessidade por relacionamentos agitados e estimulantes. Eu estava pondo essa mesma energia na força criativa, onde minha necessidade por agitação podia ser preenchida de uma maneira saudável.

Eu estava ficando muito mais em harmonia com os hábitos que ainda me mantinham na situação de risco e reprimindo essas tendências muito mais rapidamente. Eu ainda queria esperar até o último instante para fazer as malas antes das viagens, ver até quando o tanque de gasolina agüentaria sem que eu o enchesse ou esquecer de pagar uma conta no prazo. Mas a imprudente auto-sabotagem acontecia com menor freqüência. Eu estava observando o que eu estava fazendo muito mais rapidamente agora, perdoando-me e fazendo mudanças positivas. Paz, ordem e harmonia estavam tornando-se a ordem do dia. Havia muito mais bondade, carinho e aceitação tanto dentro quanto fora de mim.

Esse foi um período importante. Enquanto isso, meu trabalho estava se expandindo. A folha que tinha ficado planando, em tantas direções, sujeita a várias correntes de ar, descobrira que dentro dela havia uma semente. Essa semente havia deitado raízes na terra. Ainda havia folhas bailando ao vento, mas essas folhas estavam em ramos, ligadas a um tronco, ligadas a raízes. Eu estava encontrando meu lugar.

Durante esse período, uma amiga e eu decidimos fazer uma maratona juntas. Esse é um processo no qual dois parceiros ficam juntos por quarenta e oito horas ininterruptas. Nas primeiras vinte e quatro horas, um parceiro fala e o outro escuta. Depois, nas próximas vinte e quatro horas, os papéis se invertem. O objetivo da maratona é criar uma oportunidade para compartilhar a história da sua vida, à medida que seu parceiro concorda em ouvir com o coração, não fazendo nenhum comentário, julgamento ou crítica. É um processo de autodescoberta e aceitação profundo.

E assim, na presença de uma amiga de confiança, me vi compartilhando todos os meus medos, tristezas, fantasias, alegrias e confusão com relação à minha vida, particularmente com relação ao período de transformação. Rimos e choramos. Os elos de confiança entre nós tornaram-se mais profundos. As novas idéias tiveram espaço e tempo para emergir tranqüilamente, sem força. As lembranças fluíam espontaneamente dos espaços sombrios. Os padrões e os ciclos começaram a se combinar. Pela primeira vez, vi claramente os temas repetidos chegarem ao fim na minha vida.

Num determinado momento, me vi conversando a respeito do Francis. À medida que eu falava sobre ele, descobri que meus sentimentos de raiva, ressentimento e integridade pessoal tinham-se dissolvido. Agora eu o via de uma forma totalmente diferente. Lembro o que ele disse naquele primeiro dia. Meu desafio era me fortalecer. Se eu não me fortalecesse, eu sempre seria absorvida por qualquer coisa ou pessoa que estivesse à minha volta.

— Você quer fazer um trabalho espiritual? — ele tinha dito. — O trabalho mais importante que você pode fazer é conhecer a si mesma. Faça isso e todo o resto virá.

Agora eu sabia exatamente por que eu o havia atraído para a minha vida. Ele era o complemento perfeito — alguém que insistia em honestidade, alguém com uma obsessão por clareza, alguém que odiava fingimento e falsidade. Ele era tudo de que eu precisava na minha vida, em mim mesma.

Sua raiva explosiva, suas explosões vulcânicas simplesmente espelhavam o que estava contido e escondido dentro de mim. Durante todo aquele tempo, ele estava tentando se ligar mais à sua feminilidade para equilibrar e suavizar sua energia masculina negativa. E assim ele foi atraído por mim, uma pessoa superfeminina. Por outro lado, eu precisava fazer desabrochar mais a minha masculinidade, a energia masculina autoritária, para colocar e expressar meus pensamentos, sentimentos e crenças com confiança. Francis tinha vindo à minha vida para me forçar a lidar com as minhas emoções e para fortalecer o que estava subdesenvolvido e fraco dentro de mim. Ele fez muito bem o seu trabalho. Estávamos em extremidades opostas da mesma questão. Era uma verdadeira dupla. Terminei a maratona, sabendo que esse tinha sido um momento decisivo para mim. Eu estava pronta para parar de culpar os outros. Alguns dias depois, sonhei com Francis, o que confirmou a minha mudança interior.

No sonho, eu estava entrando numa grande casa. Francis estava lá. Nós nos abraçamos, e naquele momento eu senti calor humano e aceitação.

Quase desde o primeiro momento em que revi Francis, senti uma mudança verdadeira. Pode ser desafiador mudar um relacionamento que tem uma história. Eu tinha a certeza de que tínhamos uma história.

Como um desafio para esse novo nível de amizade, nos foi apresentado um teste. Fiquei um pouco ansiosa por uns dias. Casualmente, fui até a casa de Francis, e ele sugeriu que fizéssemos uma caminhada pela praia. No caminho começamos a nos desentender. À medida que a tensão crescia, comecei a me distanciar de Francis, entrando no velho padrão, me fechando e me retraindo. Ao mesmo tempo, eu estava ciente de que Francis estava tentando com todas as forças não ser afetado pela minha disposição de ânimo.

No passado, meu "gelo" revelaria o seu "fogo". O tempo todo em que estive retraída dentro da minha concha, Francis não reagiu. Não havia raiva. Também não havia indiferença. Ele realmente estava se comunicando de uma forma protetora. Minha mente observou isso, mas emocionalmente eu estava distante demais.

Saímos do carro e caminhamos pela praia calados, até encontrarmos um lugar onde pudéssemos nos sentar. Era um dia de outono e, por isso, as praias, que ficavam lotadas, estavam desertas. Os únicos sons eram o rebentar rítmico das ondas e o canto penetrante das gaivotas famintas.

Ficamos sentados durante algum tempo, olhando para o mar, os dois absortos em seus próprios pensamentos, no seu próprio silêncio. Minha raiva tinha se transformado num frio entorpecimento. Eu estava descontente comigo mesma e com a minha incapacidade de me sentir animada, interessada. Para onde tinham ido todos os sentimentos bons? Como é que eles acabam?

Gradualmente, me tornei ciente de Francis. Ele estava sorrindo e seu rosto estava radiante. Nossos olhos se encontraram, e foi como se eu pudesse sentir o coração dele dizer: — Eu sei que você está expulsando essa frieza ... e que não há mais nada para explicar, não há novas descobertas, palavras, nada que eu possa dar... e eu amo você.

Nesse momento, meu "eu" mais frio, mais retraído, irado, sentiu esse amor. Alguma coisa mudou dentro de mim. A dor e a separação dissolveram-se num instante, e eu me senti aceita como nunca havia me sentido antes.

De repente, meu coração se abriu espontaneamente. Foi um momento transcendental em que tudo foi compreendido. Havia somente amor, verdadeiro amor. Não haveria mais lutas. Eu tinha me fundido com o Espírito Maior. Essa consciência estava falando para mim e por meu intermédio. Francis estava tendo uma experiência semelhante. Ele estava envolvido por uma grande luz dourada. Esta parecia preenchê-lo; e então senti uma luz transcendental envolver-me. Foi um verdadeiro prazer. Foi realmente um momento sagrado.

Nós dois começamos a chorar. Eu tinha tido uma experiência de amor que eu nunca tinha vivido antes. Éramos a expressão do amor. A verdadeira natureza de toda mulher é o amor. Eu tinha voltado para o meu amor verdadeiro.

Qualidades positivas	Qualidades a serem desafiadas	Reação
Sinceridade	Raiva	Donzela Glacial
Integridade	Não arraigada	Deusa Gritante
Sabedoria	Extremos	da Guerra
Compreensão	Auto-imagem fraca	Sereia Sedutora
Confiança	Crítica	

Co-dependência	Ouro
Emocional (intensidade)	* Ter o meu próprio poder
Mental (decisões)	* Pensar por mim mesma
Espiritual (autoconhecimento)	* Sinceridade
	* Desenvolver a minha filosofia
	* Autocompreensão

EXERCÍCIOS

A maratona de quarenta e oito horas

A maratona de quarenta e oito horas é uma oportunidade de falar abertamente sobre si mesma e sobre a sua vida para um parceiro que a apóie e ser ouvida por essa pessoa sem julgamentos.

1. Durante quarenta e oito horas ininterruptas, você e um parceiro ficam juntos numa sala, saindo somente para ir ao banheiro.
2. Providencie para que a comida e a bebida sejam preparadas e levadas para vocês em seu quarto, se possível, ou use refeições de preparação simples, de tal modo que a sua atenção não seja desviada de seu processo.
3. Cada parceiro tem vinte e quatro horas para compartilhar sua experiência de vida. Vocês podem usar literalmente as primeiras vinte e quatro horas (com pausas rápidas para dormir ou cochilar, à medida que precisarem) ou dividir o tempo em intervalos de seis ou oito horas, e então trocar os papéis.

4. Quando começar, inicie com suas lembranças mais remotas. À medida que for passando pela sua vida, se incidentes ou lembranças começarem a sair da seqüência, sinta-se livre para inseri-los à medida que surgirem. Compartilhe suas experiências, as pessoas da sua vida, as esperanças, os sonhos, os medos, os desafios, as fantasias, o sofrimento, a alegria — qualquer coisa que faça parte da sua história.
5. Quando você ouvir o parceiro contar a história dele, apóie-o. Evite a tendência de dar opiniões ou dizer quanto aquilo que ele está contando a faz lembrar outra coisa de sua vida, ou quanto aquilo está relacionado com alguma coisa na sua vida. Lembre-se, a maratona deve ser ininterrupta.

Revisão do desenho dos pais

Reveja seu Desenho dos Pais e avalie novamente se o seu relacionamento significativo é igual, semelhante ou o oposto ao padrão deles.

Seus próprios quadros

Leve em consideração três importantes parceiros na sua vida, mesmo que sejam um chefe, um amigo, um parceiro de compromisso sério, um amante, etc. Depois de meditar sobre eles durante alguns minutos, preencha, para cada um dos parceiros escolhidos, os quadros abaixo.

Qualidades positivas	Qualidades a serem desafiadas	Reação

Co-dependência	Ouro

Quando uma mulher reivindica a posse
da sua autoridade interior,
ela dá um salto importante para
a oitava mais alta do feminino.
Seus sentidos mais sutis são despertados: intuição,
introvisão e sensibilidade para
o seu próprio ritmo. Ela toca aquele
estágio delicado de graça e sente o
poder, a energia e a profundidade de ser uma mulher.
Seu riso e vitalidade brotam de seu íntimo mais profundo,
e ela dá à luz
seu filho natural — a alegria.

10

A Oitava Mais Alta do Feminino

Você Sabe Onde Fica a Bem-Aventurança?

A Índia é o lugar onde tudo começou, onde a estranheza fez desaparecer o estranho. A Índia havia sido o ponto inicial da minha viagem espiritual, uns dezessete anos antes. A Índia tinha me dado momentos sagrados nos quais mundos invisíveis e mundos palpáveis entram em contato mais íntimo. Às vezes, ela é a anciã cansada que teve muitos filhos. Mas ela tem, como ninguém, sabedoria para partilhar. Estava na hora de eu voltar para a Índia para ver onde eu estava.

De repente, quase que magicamente, foi organizada uma viagem para a Índia.

Um grupo pequeno de mulheres, um grupo muito especial, foi convidado a participar da viagem. Havia um consenso silencioso de que o motivo central da viagem não era ver o que podia ser visto. Ao contrário, seria uma peregrinação, uma viagem interior que se faz enquanto se participa de um evento exterior.

Um dos objetivos da espiritualidade hindu é a obtenção da bem-aventurança ou nirvana. Assim parecia extremamente significativo que naquela viagem para a Índia eu me achasse mesmo em busca da Bem-aventurança. Bem-aventurança é o nome de um local de residência no vasto complexo de Auroville, uma comunidade espiritual no sul da Índia.

Auroville, inspirada em Sri Aurobindo e na Mãe, não pertence a ninguém em particular, mas à humanidade como um todo. Num certo sentido, é uma experiência de integração total, que representa contribuições de mais de cento e vinte países e que tem uma população de mais de setecentos habitantes. A comunidade se estende por terras exuberantes, espaços verdes, resultado de um cuidadoso reflorestamento e plantação manual de cada uma das árvores da propriedade. É composta por vários conjuntos ou distritos, cada um com um nome diferente, como Bem-aventurança, Silêncio e Transformação.

Uma das mulheres do nosso grupo conhecia a líder administrativa da comunidade. Decidimos visitá-la, o que parecia ser uma tarefa bastante simples. Tudo o que devíamos fazer era encontrar Bem-aventurança, onde, por acaso, ela morava.

Nosso mapa indicava claramente a localização de Bem-aventurança. Mas quando nos aproximávamos da entrada de Auroville, decidimos verificar novamente o nosso caminho com vários indianos orientais que estavam por ali e que nos atenderam prontamente.

— Vocês podem nos dizer qual é o caminho para Bem-aventurança? — perguntamos.

— Claro, claro — responderam, balançando a cabeça de um lado para o outro. Eu ainda tinha de aprender que o balançar de cabeça do indiano e a satisfação têm pouco a ver com o fato de ele realmente saber ou não o caminho. Significa simplesmente: "Claro, eu vou lhe dar as informações", o que não quer dizer que a informação esteja certa ou errada.

As orientações pareciam claras. Andar duas milhas pela estrada, entrar à esquerda na bifurcação da estrada, atravessar o portão, pegar a terceira curva à esquerda, a primeira casa à direita seria Bem-aventurança!

Seguimos as direções corretamente. Tudo correu bem, exceto pelo fato de que, depois de termos cruzado a ponte e termos virado na curva indicada, a primeira casa não era a Bem-aventurança. Na verdade, não havia casas à vista. No momento dessa perplexa revelação, um jovem vinha pelo sentido oposto da estrada numa *scooter*. Nós o chamamos e perguntamos novamente: — Você pode nos dizer como chegar à Bem-aventurança?

Ele alisou a barba pensativamente. — Ah, Bem-aventurança! Sei, sei. Já ouvi falar, mas nunca estive lá. — Ele sorriu e começou com o já conhecido balançar de cabeça. — Mas posso lhes dizer que estão indo na direção errada. Não é para oeste. Vocês têm que ir para o leste. — Tínhamos agora outras instruções.

Fizemos a volta com o carro e voltamos pelo caminho pelo qual seguíramos. Seguimos para o leste, numa estrada de duas milhas bem acidentadas, viramos à esquerda na bifurcação, atravessamos a ponte e na terceira curva viramos à esquerda. Mas quando fizemos a curva final, em vez de encontrar Bem-aventurança, fomos recebidas por um campo vazio. Mais irritação!

Nessa hora, como se fosse o momento certo, apareceu uma mulher, membro da comunidade, na estrada que estava à nossa frente. Novamente, a mesma pergunta: — Você sabe como chegar à Bem-aventurança?

— Ah, Bem-aventurança! — disse ela, como se estivesse se lembrando dela com carinho. — Ouvi falar de Bem-aventurança, mas nunca estive lá. Mas eu sei onde fica. — O drama representado estava começando a adquirir tons surrealistas.

— Mas vocês vieram pelo caminho errado. O mapa está errado. Vocês não têm de ir nem para o leste nem para o oeste, vocês têm de ir para o norte. O que vocês devem fazer é seguir por esta estrada por meia milha e virar à direita. Prossigam por aproximadamente três milhas e então chegarão a uma clareira. Passem pela clareira até chegarem a uma pequena ponte. Atravessem a ponte e a primeira casa à direita é Bem-aventurança.

Finalmente, pensamos, parecia que ela realmente conhecia o caminho. Saímos e seguimos precisamente as indicações dadas. Realmente, assim que atravessamos a ponte, havia uma casa à direita. Era uma cabana charmosa, com um lindo e bem-cuidado jardim. Extasiadas com a descoberta, aproximamo-nos da casa por um caminho em meio a um exuberante e viçoso arvoredo impregnado de essência de jasmim. O perfume tinha um efeito calmante, tranqüilizante e ajudava a liberar as tensões que acumuláramos. Estava começando a cair a noite, e quando nos aproximamos da cabana, vimos que havia uma luz calorosa que vinha da janela da cozinha. Lá havia uma jovem mulher com um semblante sereno, que preparava alegremente o jantar, uma metáfora perfeita do habitante de uma casa chamada Bem-aventurança! Batemos à porta e a mulher apareceu, afável e graciosa.

— Olá, aqui é Bem-aventurança? — perguntamos.

— Oh, não! — disse, enquanto vinha pela porta. — Aqui é Serenidade.

Ela limpou as mãos no avental e, com um largo sorriso, disse: — Nunca estive em Bem-aventurança, mas eu posso lhes dizer como encontrá-la.

E pela quarta vez ouvimos as instruções para se chegar à Bem-aventurança — diferentes, claro, das versões anteriores. Disse-nos para irmos na direção oposta à que tínhamos tomado, dessa vez para o sul.

Subimos novamente no carro e voltamos, aos trancos, numa distância curta, pela estrada cheia de marcas de rodas de carro. De repente, Diana, uma das mulheres do grupo, começou a gritar dramaticamente: — Pare! Pare o carro!

Ela agitava os braços desvairadamente e apontava para a esquerda, para uma estrada de areia, estreita demais para o nosso carro. — Bem-aventurança é ali. Eu conheço! Eu conheço.

— Não, Diana, não foi lá que a mulher indicou. Não pode ser ali!

Nem um pouco desencorajada pelas nossas opiniões contrárias, Diana abriu a porta do carro e saiu pulando pela estrada estreita, saltando como uma gazela, enquanto um coro de mulheres exaustas tentavam chamá-la de volta. Ela correu pelo menos meia milha, até perceber que não a estávamos seguindo. Relutante, ela voltou para o carro, insistindo, ainda, que ela havia encontrado a estrada que levaria a Bem-aventurança.

A essa altura, já estava totalmente escuro. Concordamos que a única coisa sensata a fazer era desistir da nossa busca e voltar para o centro de hospitalidade. Nossa ardente determinação sucumbiu às nossas necessidades mais imediatas de comer e descansar. Estávamos prontas para desistir da eterna busca da Bem-aventurança.

Quando chegamos ao centro de hospitalidade, dirigimo-nos ao pátio, passando pela sede. A cena tranqüila no jardim era um alívio para o nosso dia decepcionante.

Sentado embaixo de uma bela árvore, uma bânia, à luz de velas, estava um grupo de pessoas que se regozijava com um momento especial passado em conjunto. Havia uma conversa animada e uma espécie de intimidade que só existe em relações sinceras. A árvore era enorme, com uns quatro metros e meio de diâmetro, com galhos majestosos que se elevavam para o céu e caíam como cascata sobre a terra, enraizando-se novamente e formando mais troncos. Havia algo primitivo a respeito da árvore, algo mágico, do outro mundo.

Isso poderia ser Bem-aventurança? A cena tinha muitas das qualidades que associamos com aquele mundo: paz, tranqüilidade, beleza, intimidade, união.

Muitos pensamentos passaram pela minha cabeça. Talvez Bem-aventurança não existisse realmente. Ou talvez não importava se existia ou não. Talvez o que importasse realmente era a trajetória espiritual. E talvez não a teríamos reconhecido se a tivéssemos visto. Talvez o pequeno tecelão que tínhamos visto sentado pacientemente diante de seu tear no dia anterior, onde se senta dia após dia, horas a fio, tranqüilo e sereno, fosse Bem-aventurança. Ele nunca a havia procurado. Ele tinha feito as tarefas simples coerentemente. Ele encontrara o extraordinário no ordinário. E fazendo assim, talvez ele tenha se transformado na Bem-aventurança que estávamos procurando.

Para satisfazer nossa curiosidade a respeito do paradeiro de Bem-aventurança, perguntamos a um dos funcionários se realmente havia uma Bem-aventurança. Efetivamente, Diana estava certa. A voz dela era a verdadeira voz da intuição, mas tínhamos dado ouvidos a tantas outras vozes que não demos atenção àquela voz baixinha, tranqüila, que havia sido a perfeita alegoria.

Domínio da Autoridade Interior

No início da viagem espiritual, freqüentemente há a necessidade de depender dos outros para direção e orientação. Os "outros" podem ser os pais, mentores, professores, pessoas com autoridade, gurus, chefes, terapeutas, canais, psicólogos, amigos, maridos, companheiros, pastores, etc. É bastante variado o tempo de duração da necessidade de depender dos outros, e o grau dessa necessidade pode variar de uma ajuda ocasional até uma dependência total. A ironia é que se nossas respostas provêm de uma fonte exterior, sempre existem as velhas perguntas: Qual é a resposta válida? Qual é a orientação correta? Apesar disso, para alguns é insensato não procurar ajuda de uma fonte exterior quando se precisa, para outros, é arrogância não aceitar a sabedoria, independentemente da forma em que ela venha.

Geralmente, o crescimento é semelhante a um movimento em espiral, gradual, ascendente. Há momentos, porém, em que damos um grande salto rumo à consciência. Um grande salto é uma mudança notável na consciência. Nossa consciência se expande. Nossa percepção muda. Somos elevados para vibrações muito mais sutis. Há uma sensação de certeza a respeito do "eu", uma sensação de conhecimento interior, uma sensação de ligação com a vida. Estamos em contato com o fluxo inesgotável de amor e força que vem do nosso Poder Maior, e nosso coração está repleto. Essa é a oitava mais alta do feminino. É um estado de graça.

Embora essa mudança na consciência possa ser precipitada de várias formas, freqüentemente o catalisador para a mudança é uma experiência que nos desafia a ter o comando total da nossa autoridade interior. Nesses momentos, precisamos confiar na nossa verdade interior, nos erguer e dizer "sim" à vida e à missão que nos é apresentada. É a iniciação mais importante da feminilidade.

Uma das histórias clássicas a respeito da mulher que enfrenta o desconhecido e que tem a coragem de se manter firme em suas próprias convicções é contada no mito de Psiquê. Quatro tarefas lhe são dadas para que ela se salve. (Reunir a lã dos carneiros e classificar as sementes, duas das tarefas, já foram mencionadas em capítulos anteriores.) O quarto desafio é o mais difícil. Psiquê terá de descer ao Hades, ao reino do subconsciente, e enfrentar uma série de desafios. Como mulheres, não podemos subir mais alto do que estamos dispostas a descer. A quarta e última tarefa fica suspensa até que Psiquê reúna as forças dos desafios anteriores. Como tarefa final, ela é instruída a conseguir com Perséfone o frasco do ungüento da beleza e devolvê-lo a Afrodite. Também lhe é dito para não abrir o frasco.

Afrodite, a mais velha das deusas, mantém-se numa posição respeitável de poder e autoridade no Olimpo. Com certeza, Psiquê sabia que violar, de qualquer maneira, as instruções de Afrodite resultaria em graves conseqüências. Ela perderia tudo o que havia recuperado com tanto esforço. Não era só isso, mas ela já havia passado por tarefas árduas e já estava prestes a concluir seu longo processo de iniciação. Tudo estava em perigo. Seria insensatez arriscar-se a esse ponto.

No momento crítico, Psiquê reage com seu próprio desembaraço interior e decide abrir o frasco de perfume, apesar das advertências. Ela imediatamente cai num sono profundo, semelhante a um sonho. Parecia que tudo estava perdido! Em vez disso, inesperadamente, Eros a arrebata e a leva para o Olimpo, onde é bem recebida como uma deusa com todos os seus direitos. Ela emergiu de suas ilusões de limitação e se abriu para seu poder divino! Como declaração final da posição recém-adquirida, ela se casa com Eros, com a aprovação dos deuses e deusas do Olimpo. O casamento simboliza a integração de sua feminilidade e masculinidade. Dessa união, nasceu uma criança, adequadamente chamada Alegria.

Iniciação na Feminilidade

O mito apresenta algumas sugestões importantes para as dimensões arquetípicas da trajetória de uma mulher. Na qualidade de mulheres, enfrentamos mais do que um momento decisivo na nossa vida. O momento de iniciação na feminilidade ou quando invocamos o nosso poder de deusas, no entanto, é uma experiência especial, marcada por um conjunto único de características. Outras experiências podem ser semelhantes a essa iniciação capital. Elas podem ser passos importantes, significativos e fortalecedores. Entretanto, a menos que estejam presentes algumas características, essas experiências não se qualificam como a iniciação capital de uma mulher.

A iniciação capital é caracterizada pela decisão certa e pela escolha do momento exato. O mais importante é que seja um momento em que você reconheça que não há outra autoridade além da sua autoridade interior. Este é realmente um momento sagrado. Geralmente, não há ninguém para apoiá-la imediatamente antes da experiência ou durante ela. Há um propósito nesse requisito. Você deve tomar parte em sua própria verdade. E você tem de fazer isso sozinha. É como se os próprios anjos se detivessem para esperar. Eles esperam por você para confiar na verdade da sua sabedoria inata.

Psiquê seguiu sua voz interior. Era contraditória em relação à autoridade exterior. A decisão dela de abrir o frasco de perfume foi espontânea, verdadeira e clara. Tudo foi feito com grande risco. Ela poderia ter perdido tudo. Mas era a verdade dela e ela a seguiu. Não há nada mais convincente.

A escolha crítica que enfrentamos na nossa iniciação à feminilidade pode não ser tão difícil quanto foram outras escolhas feitas anteriormente na nossa vida. De fato, a experiência pode não ser reconhecida como um grande salto, exceto se considerada retrospectivamente. A preparação para esse momento levou anos. Raramente estamos conscientes do progresso que fizemos. Quando chega o momento do grande salto, a força dos pequenos passos que demos ao longo dos anos está subitamente ali para nos apoiar. De repente, aparentemente sem nenhum esforço, nos encontramos afinadas com nosso "eu" autêntico. Estamos capacitadas para penetrar nosso poder e sabedoria inatos.

Qualquer que seja a decisão tomada nesse momento crítico da nossa trajetória, ela nunca é reacionária, nunca é contra alguém ou alguma coisa. Não há intenção para revidar nem ferir, para prejudicar ou afrontar. Não resta nenhuma dúvida ou ambivalência. Essa é uma decisão que vem do coração. É um momento de verdade que se enaltece por sua natureza verdadeira, momento em que dizemos "sim" à vida e à missão que nos é proposta.

Não há resposta "certa" que seja verdadeira para toda mulher nesse momento. A escolha terá de desafiar a mente racional. Pode parecer heresia, ser rotulada como imatura, irracional, inadequada, irresponsável, responsável demais, comprometida demais, emotiva demais, ou pouco emotiva, etc. As reações podem ser misturadas e não há problema. A intenção é nunca agradar aos outros. O que vai importar é que seja "certo" para você.

As decisões em si são altamente pessoais. Elas podem dizer respeito, por exemplo, a adotar uma criança deficiente; casar-se com um homem dez anos mais novo; ter um relacionamento que todos a aconselham a deixar; comprometer-se com um determinado tipo de serviço; deixar um trabalho seguro por outro com um salário menor que seja mais gratificante; agüentar a sogra e definir limites; voltar para a faculdade aos 50 anos; decidir, aos 30 anos, nunca ter filhos ou então decidir, aos 40, ter um bebê.

Não só a resposta deve ser certa para você, mas também a escolha do momento exato. A escolha do momento exato significa sentir o momento certo, não sendo nem prematura nem muito hesitante. Se você perder esse momento, então você ainda não está sensível ao seu próprio ritmo. É preciso mais experiência. Futuramente, a vida apresentará outra oportunidade para você cruzar esse importante limiar.

A Oitava mais Alta do Feminino

Quando uma mulher reivindica o domínio de sua autoridade interior, ela dá um grande salto para a oitava mais alta do feminino. Isso não significa que a vida se torna fácil. Não significa, no entanto, que ela cruzou um limiar que a capacita a entrar num outro redemoinho de energias. Seus sentidos sutis despertam: intuição, novas idéias e sensibilidade para a vida.

Ela se torna vivamente consciente de que toda a vida está falando com ela. Seu aspecto exterior reflete claramente seu aspecto interior. A vida se torna o mestre e traz tudo aquilo de que ela precisa para aprender. Ela se torna consciente dos espelhos precisos que lhe são continuamente apresentados por intermédio das pessoas e dos acontecimentos.

Quando ela precisa de ajuda, ela sabe que tem dentro de si uma Fonte vigorosa. Ela confia que a Fonte lhe mostrará o caminho. Seu coração está mais aberto e ela é capaz de ver mais claramente as escolhas e opções disponíveis. Ela pode mudar fácil e rapidamente, em vez de fazê-lo penosa e lentamente. Há muito mais profundidade e amplitude na sua expressão, muito mais para sentir e ser.

Quando, na qualidade de mulheres, começamos a tocar esse delicado estado de graça e sentir toda a energia, a potência e a profundidade de ser uma mulher, a única resposta é inclinar a cabeça silenciosamente e assumir uma postura de gratidão.

A graça é a oitava mais elevada do feminino. É aquela renúncia total ao nosso Poder Maior que está sob controle. Não precisamos mais depender de nada exterior como fonte de bem-estar. Nossa entrega e desprendimento profundos permitem que tudo seja fonte de bem-estar. Nosso riso e nosso vigor brotam do nosso íntimo, e damos à luz a nossa criança – a Alegria.

Nós nos tornamos cada vez mais conscientes da sincronicidade, da "coincidência significativa", como disse Carl Jung. Esses momentos reforçam a confiança de que o nosso "eu" interior está em harmonia com algo maior e mais ordenado do que a nossa mente consciente.

A sincronicidade pode reforçar a crença de que estamos no caminho certo. Recentemente, quando voltei da viagem à Índia, telefonei para um de meus amigos, um autor que mora na Califórnia. Naquele momento, ele estava escrevendo sobre a Índia. Duas semanas depois, telefonei para ele novamente sem pensar muito. Nesse período, ele acabara de escrever um texto sobre Virginia Beach!

Às vezes, uma série de eventos irá se concentrar num tema. Por exemplo: eu havia ganho recentemente um lindo anjo feito à mão e prontamente encontrei um lugar especial para colocá-lo em casa. Dois dias depois recebi um bilhete pelo correio que dizia o seguinte: "Obrigado por você ser um anjo na minha vida." Fiquei emocionada. Dois dias depois, uma amiga me escreveu da Holanda: "Este é o seu ano e um anjo indica o caminho." E depois de alguns dias, recebi um presente pelo correio: era um livro sobre anjos!

Outras vezes, esses momentos de sincronicidade provam definitivamente que Deus tem senso de humor. Recentemente, eu estava no Aeroporto Gatwick, em Londres, voltando para os Estados Unidos. Esperei propositadamente para ser a última passageira a embarcar. Apresentei meu cartão de embarque e de repente fiquei pálida ao perceber que estava sem a minha bolsa. Faltavam apenas quinze minutos para o avião decolar, e encontrar minha bagagem perdida não era prioridade para os comissários de bordo. Repassei mentalmente os lugares onde eu havia estado: balcão do *check-in*, balcão de câmbio, setor de segurança... Ah, claro, setor de segurança. Devia estar lá. Corri para o portão com muita ansiedade, já que todo o dinheiro que eu havia ganho durante o último mês estava na bolsa. Lá, esperando por mim, sorrindo, estava um funcionário uniformizado da Aeronáutica. — Sra. Marlow — ele disse —, a senhora perdeu alguma coisa? — Como ele podia saber meu nome? — Bem — continuou, piscando os olhos para mim —, tinha de ser alguém com o nome igual ao seu para largar a bolsa, dinheiro e todo o resto e para ter alguém com o nome igual ao meu para pegá-la. Fiquei me perguntando o que o meu nome tinha a ver com aquilo. Meus olhos repentinamente observaram o nome no crachá do uniforme dele: Marlow. Nós dois rimos. — Eu sempre quis saber quando eu iria encontrar o meu parente rico perdido por aí. — Ele estava se referindo às cédulas que eu havia enrolado, de um modo ingênuo, dentro da bolsa. Eu lhe garanti que, infelizmente, nem todas as cédulas eram de alto valor.

Esses momentos de "estranhas coincidências" estão dizendo: "Você está sendo observada. Estão atrás de você." E quando nos desviamos também nos dizem isso! Uma amiga contou que ela saía de sua garagem, como fizera centenas de vezes, mas não viu o carro estacionado atrás dela e bateu. Isso era um lembrete de que ela estava tão atenta a seus pensamentos que estava deixando de ver muitas coisas ao seu redor. Nesse dia, ela observou o pôr-do-sol pela primeira vez depois de muitos dias.

A Joaninha

Um dos exemplos mais bonitos de sincronicidade aconteceu durante uma experiência de retiro em Virginia Beach com um homem, prova de que homens também podem passar pela oitava mais alta do feminino.

A última tarde do retiro foi passada em silêncio. Cada um podia ir aonde quisesse: à praia, ao bosque, ao quarto etc. A cada um foi pedido que encontrasse algum objeto que tivesse um símbolo significativo, algo que se comunicasse com o participante de uma maneira especial. O objeto não devia ser procurado, mas ele é que deveria encontrar o participante.

A experiência de uma pessoa em particular foi especialmente profunda. Tom estava caminhando pela praia quando foi atraído por uma moeda de cobre velha e corroída, quase escondida na areia, bem gasta pelo sol e pelo sal. Ele se inclinou para pegá-la, sem saber exatamente por quê, e continuou a caminhar pela praia. Enquanto caminhava, observou uma poça d'água na areia. A água do mar tinha sido represada, de alguma maneira, naquela pequena depressão. Na poça se debatia uma minúscula joaninha; juntava todas as suas forças para não se afogar, incapaz de voltar para a areia. Tom teve um sentimento de compaixão. Ele pegou a moeda de cobre que guardara no bolso, a depositou gentilmente sob a pequena criatura, levantou-a cuidadosamente e, então, colocou-a na areia, onde a joaninha teria a chance de uma nova vida. Nesse momento, ele pensou ter ouvido alguém chamar pelo seu nome, mas descartou a idéia como pura imaginação.

Quando Tom voltou para o local do retiro, muitas horas depois, havia o recado de um telefonema para ele. Sua avó, que tinha sido a pessoa acolhedora mais importante em sua vida, tinha morrido. No mesmo momento em que Tom estava na praia ajudando a joaninha a sair da água, sua avó parava de lutar em seu corpo dilacerado pela dor e passava para uma outra vida. Não houve no grupo quem não chorasse.

Indo para Casa para Ver onde Você Está

Há alguns marcos importantes na vida de toda mulher: o casamento, o nascimento de um filho, o primeiro emprego, etc. Alguns desses momentos são cheios de alegria e emoção; outros, por natureza, são cheios de dádivas. Foi o caso de uma experiência que tive num verão passado. Nessa época, meu pai já havia falecido há muitos anos e minha mãe, apesar de extremamente saudável e cheia de vida, estava claramente avançando na idade. Foi decidido que chegara a hora de ela vender nossa casa e se mudar para uma casa de repouso.

A sensação de dizer adeus para sempre para a nossa casa foi um marco que eu não tinha previsto. Com todas as minhas viagens e andanças, eu não havia estado lá muitas vezes nos últimos anos; mas aquela continuava sendo a minha casa e um refúgio importante. Agora, pela primeira vez, não ia mais estar lá.

Como seria isso? Quase todos os meus anos de formação tinham sido vividos naquela casa branca, grande e confortável. Cada centímetro dela estava cuidadosamente gravado na minha memória, especialmente porque eu só conhecera duas casas até minha idade adulta.

De certa forma, fui designada para ajudar a classificar os itens e acessórios da casa. Classificar os tesouros da infância foi lembrar coisas preciosas: blocos de madeira coloridos com as letras do alfabeto entalhadas; cestas de Páscoa, laços cor-de-rosa e a palha verde artificial ainda no lugar, mas sem o ninho delicioso de ovos de chocolates embrulhados em papel laminado dourado; as queridas bolas de gude do meu irmão. Que prazer sentir tudo aquilo novamente, porém com uma sensação doce-amarga o tempo todo.

Era a despedida final de tudo aquilo. Meus sentimentos estavam mesclados. Sentia-me feliz pelo entusiasmo de minha mãe por sua nova vida, porém ao mesmo tempo eu estava pensativa. Às vezes você vai para casa para ver onde você está. Era uma espécie de fim de semana.

Para aumentar ainda mais o sentimento de nostalgia, minha família tinha sido convidada para uma reunião na pequena igreja em Browntown, onde meu pai crescera. Browntown é uma comunidade minúscula abrigada no pé das montanhas Blue Ridge. Quando criança, a cidade parecia confinada e limitada, e fiquei muito contente quando mudamos de lá. Agora parecia tranqüila e charmosa.

A igreja de Browntown é de madeira branca, com uma relva verdinha, como se tivesse saído das pinturas de Currier & Ives.

Minha mãe, dois irmãos, minha cunhada e eu fomos recebidos calorosamente e nos sentamos no banco de trás. Quando nos sentamos em nossos bancos, tive uma sensação de formigamento que eu sinto no meu corpo toda vez que está para acontecer algo importante. É como se me dessem um aviso em particular de que o próximo drama cósmico que estava para se desenrolar seria encenado só para mim. Minha intuição estava correta.

Uma sensação de paz inundou a pequena igreja e meus olhos foram atraídos pelas fisionomias cintilantes de várias pessoas da congregação e, depois, pelo rosto radiante do pastor convidado, à medida que ele caminhava em direção ao púlpito.

Com poucos e frágeis cabelos brancos, quase tão delicado quanto um pássaro, o pastor aparentava ter 70 anos ou mais. Mas seus olhos brilhavam e sua voz era clara e bem afinada por anos de homilias e conselhos.

— Vim com um sermão e a leitura de uma passagem da Bíblia já preparados — disse ele —, mas neste exato momento o Espírito me disse para mudar o tópico e o texto. — Ele abriu a Bíblia e, com um olhar muito bem treinado e com uma segurança inata de familiaridade, folheou as páginas até chegar a um ponto determinado.

As pessoas pareciam um pouco mais atentas. Algumas tossidelas interromperam o silêncio. Quando ele começou a ler, fiquei extasiada e surpresa. A direção espontânea do Espírito o havia levado para uma passagem que sempre foi a minha favorita: "Vim para lhe dar vida, para que você possa vivê-la com abundância." Ele pronunciou as palavras lentamente e com devoção, imprimindo um sentido de respeito e intimidade às palavras do Mestre.

Quando levantou os olhos da Bíblia, seu rosto brilhava de contentamento e serenidade.

— Quando eu era garoto, eu cuidava das ovelhas do meu pai. Um dia, quando eu estava sozinho nas colinas, apareceu um anjo e me disse que minha missão na vida era servir no ofício divino, partilhando a mensagem de Cristo. Por ter sido um dos momentos mais puros da minha vida, sempre tentei segui-lo.

Uma onda de energia me percorreu. Isso me pareceu muito familiar, um sentimento ressonante. Refleti sobre a lembrança da minha tenra infância, de ver como a minha vida se desdobraria. Esse claro conhecimento, desde o início — como pode se dar? Qual é o mistério que está por trás disso tudo?

Depois do culto, participamos daquelas incríveis refeições do campo, com as quais as pessoas da cidade só podem sonhar. Mesas e mais mesas repletas de comida feita em casa, tudo delicioso e em abundância. Quando saímos, sentia-me alimentada em todos os níveis. Pessoas simples, palavras simples, verdade simples, porém profunda.

O caminho de volta para Front Royal foi por uma estrada vazia da região. Esse dia parecia particularmente calmo e tranqüilo, um reflexo perfeito dos sentimentos dentro de mim. Havia uma sincronicidade muito bonita no fato de eu ir embora da nossa casa e ao mesmo tempo me ligar novamente às raízes profundas da família e do Espírito. O símbolo exterior podia ir embora agora, porque a ligação interior era muito mais forte. Era naquelas pessoas, naquele lugar, naquela herança que eu tinha minhas origens. E era ali também que acontecera aquela primeira ligação poderosa com o Espírito.

Eu podia sentir meu coração se expandindo para abraçar e segurar muito mais, não só aqueles primeiros pontos de partida, mas todas as experiências da minha vida. Como nós mulheres somos semelhantes, independentemente de nossas raízes, de nossas origens, de nossas experiências! Em algum lugar ao longo do nosso caminho começamos a dominar e abarcar todas as nossas partes, tanto as que consideramos bonitas quanto as que não consideramos tão bonitas assim — as Bruxas, as Lutas com o Dragão, as traições, as mágoas, os ferimentos. Qualquer que tenha sido a nossa maior luta, ela é transformada na nossa maior força. Todas as nossas experiências começam a nutrir mais esperança, mais compromisso.

Por um momento, vi uma imagem fugidia de Krishna, a contraparte hindu de Cristo, dançando sobre a serpente. Eu vira essa imagem várias vezes na Índia e nunca entendera o que ela significava. Claro, de repente ficou claro. Nós emergimos quando aceitamos tudo o que somos.

Dançamos através disso, com isso e, finalmente, *em* tudo isso! Dançamos com o coração aberto. E dançamos com grande alegria!

O COMPLEXO DE BODE EXPIATÓRIO
Rumo a uma Mitologia da Sombra e da Culpa

Sylvia Brinton Perera

O termo *bode expiatório* é aplicado a indivíduos ou grupos de indivíduos apontados como causadores de infortúnio. Apontar um bode expiatório significa encontrar aqueles que podem ser identificados com o mal, acusados de tê-lo causado e expulsos do círculo da família ou da comunidade, de modo a deixar os membros restantes com o sentimento de que estão livres de culpa.

Psicologicamente, a acusação serve para que o indivíduo negue a sombra, projetando-a em outra pessoa. A sombra está relacionada com atitudes, comportamentos e emoções que não estão de acordo com os ideais do ego, ou com uma suposta perfeição e bondade de Deus. Essas instâncias não são reconhecidas como componentes da própria condição humana e como fazendo parte da inteireza de Deus; elas são reprimidas, negadas e lançadas para o inconsciente.

Quando indivíduos se identificam com o bode expiatório – isto é, quando assumem responsabilidade pessoal pelas qualidades da sombra que outros rejeitaram –, elas poderão tornar-se presas de um padrão distorcido de auto-rejeição e de um comportamento motivado pela culpa ou pela vergonha.

O Complexo de Bode Expiatório é um livro que examina os muitos aspectos da psicologia do bode expiatório segundo suas manifestações em homens e mulheres do mundo moderno, com uma riqueza de exemplos extraídos da prática analítica da autora que aborda o tema como um padrão arquetípico subjacente na mitologia e na tradição judeu-cristã.

EDITORA CULTRIX

O COMPLEXO DE CASSANDRA

Laurie Layton Schapira

A história de Cassandra — a quem Apolo concedeu o dom da profecia mas de quem retirou o dom da persuasão — é uma crônica do descrédito. Quando predisse a derrota do seu povo, os orgulhosos troianos persistiram conscientemente em sua loucura, até serem derrotados e escravizados. Depois de ter sido acusada de louca e levada como presa de guerra, ainda vislumbrou o seu próprio assassinato, do qual não pôde escapar.

Essa é a tragédia arquetípica das profetisas, mulheres de grande intuição, oráculos indesejáveis de desastres, especialmente sensíveis a mudanças iminentes. Através dos séculos, elas foram relegadas ao ostracismo, sofreram toda sorte de aviltamentos e foram condenadas à fogueira, chegando ao ponto de não acreditarem em si próprias.

Em *O Complexo de Cassandra*, depois de discorrer historicamente sobre o tratamento ministrado a essas mulheres, a autora traça um paralelo entre a vida e os problemas das mulheres modernas e as deusas mitológicas, contemporâneas de Apolo. A seguir, reúne todos esses dados para mostrar como a carga representada pela sensibilidade profética inconsciente pode transformar-se na fonte criadora de uma nova Cassandra, digna de confiança.

Uma dúvida porém persiste: a Tróia moderna ouvirá?

A autora, Laurie Layton Schapira, analista junguiana com clínica em Nova York, é diplomada pelo C.G. Jung Institute e possui o título de Master of Science em Enfermagem Psiquiátrica pela Universidade da Pensilvânia.

EDITORA CULTRIX